틀을 깨는 생각은
어떻게 만들어지는가

OUT OF THE BOX by Rob Eastaway
Copyright ⓒ Duncan Baird Publishers 2007
Text copyright ⓒ Rob Eastaway 2007
Art illustrations Copyright ⓒ Duncan Baird Publishers 2007
All rights reserved.
This Korean edition was published by Human House Publishing Co. in 2013 by arrangement with Duncan Baird Publishers Ltd., London through KCC(Korea Copyright Center Inc.), Seoul.

이 책은 (주)한국저작권센터(KCC)를 통한 저작권자와의 독점계약으로 도서출판 휴먼하우스에서 출간되었습니다. 저작권법에 의해 한국 내에서 보호를 받는 저작물이므로 무단전재와 복제를 금합니다.

틀을 깨는 생각은
어떻게 만들어지는가

1판 1쇄 인쇄 | 2013년 5월 2일
1판 1쇄 발행 | 2013년 5월 10일

지은이 | 롭 이스터웨이
옮긴이 | 황수경
펴낸이 | 정병철

펴낸곳 | 도서출판 휴먼하우스
출판등록 | 2004년 12월 17일(제313-2004-000289호)
주소 | 서울시 양천구 신정중앙로17길 19(신정동) 101호
전화 | 02)324-4578
팩스 | 02)324-4560
이메일 | humanpub@hanmail.net

ISBN 978-89-957003-0-3 13320

* 이 도서의 국립중앙도서관 출판시도서목록(CIP)은 서지정보유통지원시스템 홈페이지(http://seoji.nl.go.kr)와 국가자료공동목록시스템(http://www.nl.go.kr/kolisnet)에서 이용하실 수 있습니다.(CIP제어번호: CIP2013002613)

* 책값은 뒤표지에 있습니다.
* 잘못된 책은 바꾸어 드립니다.

틀을 깨는 생각은
어떻게 만들어지는가

롭 이스터웨이 지음 | 황수경 옮김

휴먼하우스

추천사

생각, 여전히 큰 무언가를 이룰 수 있는

　세상을 바꾸는 것은 한 번의 큰 모험이 아니라 아직 그 기대의 결과가 나타나지 않은 작은 생각들이다. 결과가 나타나지 않았다는 것은 지금까지 누구도 시도해보지 않았다는 것을 의미한다. 이러한 시도와 생각들이 모여 세상은 변화한다.

　우리가 알고 있는 혁신과 창조의 아이콘들은 남들보다 먼저 그것을 시작했거나 현상을 다르게 본 사람들이다. 그런 면에서 세상 모든 사람들은 누구나 창조적인 사람이라 할 수 있겠다.

　본인은 대학원생들과 토론을 할 때 매번 연구의 목적부터 다시 시작한다. 그런 후 연구 계획에 모순은 없는지, 지금까지의 연구 결과나 이론이 잘못된 것은 없는지 끊임없이 의문(Why?)과 반론을 제기하는 토론을 유도한다. 그러다 보면 갖가지 다른 생각이 나오고, 때론 획기적인 결과물이 도출되기도 한다.

　요즘은 대학이나 기업에서 인성면접뿐만 아니라 창의면접을 많이들 보고 있다. 구글(google)이나 IBM 등 세계적인 기업뿐만 아니라 국내의 대학이나 기업의 창의면접 시험을 보면 그 난이도가 가히 멘사 클럽 수준이라 할 만하다. 기존의 틀을 깨고 더 개방적이고 유연하게 '상자 밖에서 생각'하여야 풀 수 있는 문제들이다. 창의면접이란 결국 문제에 대한 자신만의 독창적인 생각과 해결 능력을 보는 것이다. 미국의 젊은이들이 가장 일하고 싶어 하는 기업 1위인 구글의 면접시험 기준은 창의성, 전문성, 리더십, 그리고 구글에 적합한 사람인가이다. 왜 이렇게 인재 채용에 있어서 대부분의 기업들이 창의성을 제일 중요하게 여기는가? 그것은 모든 성공은, 문제를 해결하고 새로운 것을 만들어내는 능력인 '창의성'의 산물이기 때문이다. 늘 하던 대로 생각하면 늘 같은 결과만 얻게 된다. 잘나가던 기업이 변화에 적응하지 못하고 한순간에 사라지는 이 시대에, 결국 해답은 창의성이다.

이 책에는 습관적인 사고의 틀을 깨는, 현상에 대한 신선한 시각과 생각의 각도를 보여주는 수많은 아이디어들이 담겨 있다. 그래서 우리를 스스로 무엇인가 만들어낼 수 있는 창의적인 인재, 오리지널 싱커(an original thinker)로 이끌어준다. 이 책에 나오는 틀을 깨는 생각을 통해, 우리는 여전히 큰 무언가를 이룰 수 있기를 기대한다.

황성주(연세대학교 약학대학 교수)

들어가는 글

크고 다르게, 결코 익숙해지지 않게

우리의 뇌는 너무나 자주 습관에 의해 행동한다. 우리는 과거에 적절하게 행동한 것의 타당성에 근거하여, 옛날의 익숙한 방법에서 생각을 찾는다.

이것은 우리를 틀에 박힌 생각에 머무르게 한다. 이러한 습관적인 생각은 진정으로 창의적인 사람이 될 수 있는 기회를 놓치게 하고, 우리가 직면하고 있는 어떤 문제에 대해서 만족스런 해결책을 찾지 못하게 하고, 우리를 스쳐가는 수많은 인생의 기회를 그냥 흘려버리게 한다.

이 책은 가정이나 직장, 시험, 인간관계, 여가 시간 등 당신 인생의 모든 면을 새롭게 할 수 있는 독창적인 생각의 모든 것을 보여준다.

우리의 생각은 우리가 인식하지 못하는 제한적인 요소에 의해 통제된다. 우리가 이러한 경계를 인식하면, 그것을 뛰어넘어 무언가를 시작할 수 있다. 이 책에 있는 많은 흥미로운 아이디어는 당신이 신선한 방식으로 사물을 볼 수 있도록 영감을 주고 당신의 사고 방식을 바꾸어줄 것이다. 새로운 문제 해결 능력과 의사 결정 기술을 갖추게 하고, 당신의 야심찬 아이디어를 실현시키는 아주 현실적인 방법을 보여줄 것이다. 그리고 창의적인 프로젝트에서뿐만 아니라 일상생활에서도 당신이 상상력을 발휘할 수 있도록 도와줄 것이다.

누구나 '틀을 깨는 생각'을 할 수 있는 잠재력을 가지고 있으며, 더 독창적이고 더 만족스런 방법으로 자신의 뇌를 사용할 수 있다. 이 책에 당신의 방법이 있다.

크게 보고 다르게 생각하라. 익숙해지면 결코 창조할 수 없다.

> 누구나 적어도 1년에 한 번은 천재이다.
> 진정한 천재는 기발한 생각을 보다 자주 떠올릴 뿐이다.
> Everyone is a genius at least once a year.
> The real geniuses simply have their bright ideas closer together.
> − 게오르크 리히텐베르크(물리학자, 1742~1799)

차 례 CONTENTS

추천사   4
들어가는 글   6

서문   12
9개의 점 연결하기
당신은 틀을 깨는 생각을 배울 수 있는가?
창의성의 불꽃을 다시 점화하라

1장 틀 안의 편견과 습관 인식하기   19
상자? 무슨 상자?   21
당신의 창의적인 성향 발견하기   29

2장 틀을 깨기 위한 사고방식 　　　　　　　　35

틀에 박힌 생활에서 벗어나기　　　　　　　　37
개인적인 장애물 확인하기　　　　　　　　　41
긍정적인 피드백 받기　　　　　　　　　　　44
너무 성급한 평가 피하기　　　　　　　　　　50
불평을 문제로 바꾸기　　　　　　　　　　　52
전문가의 시각에서 벗어나기　　　　　　　　55
'만약에?' 게임　　　　　　　　　　　　　　58
아이디어를 위한 적절한 시간과 장소　　　　61
자신감 구축하기　　　　　　　　　　　　　64
일단, 해봐!　　　　　　　　　　　　　　　68

3장 틀을 깨는 기발한 생각들　　　　　　　　73

다른 질문에서 해결책 찾기　　　　　　　　　76
어린아이의 눈으로 보기　　　　　　　　　　79
간단한 질문들　　　　　　　　　　　　　　82
끝에서 시작하기　　　　　　　　　　　　　86
당신의 백일몽에 귀 기울이기　　　　　　　　88
비교와 대조하기　　　　　　　　　　　　　91
역발상 – 문제를 반대로 보기　　　　　　　　95
수평적 사고 연습　　　　　　　　　　　　100

 **4장 창의적인 아이디어를 만드는 방법**

아이디어는 어디서 나오는가? 111
사고 워밍업하기 114
생각의 패턴 117
완전히 다른 뭔가를 하기 120
세컨드 오피니언 찾기 122
영감을 주는 사람 124
현실을 다르게 보기 127
비유적으로 말하기 133
오래된 아이디어＋오래된 아이디어＝새로운 아이디어 136
아이디어 보관하기 141
우연한 발견 143
단어의 충돌－상상력에 불꽃 튀기기 146
테마 고르기 150
플랜 B 갖기 153

5장 그룹에서 창의적인 아이디어 만들기　　155

토론 개최하기　　157
아이디어 교환하기　　160
큰 그룹에서 아이디어 만들기　　166
브레인스토밍　　169
개인적인 차이가 있을 때　　172
제시하지 말고 제안하기　　176
세 가지 긍정적인 점 찾기　　179
제3의 길 찾기　　183
유머의 힘　　186

6장 무언가를 만들어내기　　189

마감 시간 정하기　　191
프로젝트 중간의 침체기 극복하기　　194
최악의 경우 대비하기　　197
창의성을 위한 열 개의 단어　　199

퍼즐 해답　　201
찾아보기　　206

서문 INTRODUCTION

당신은 시야를 넓히기 위해서 이 책을 집었다. 아마도 당신은 새로운 일을 시작하고 싶거나 창의적인 기술을 배우고 싶어 할 것이다. 어쩌면 당신은 틀에 박힌 일상에서 벗어나 좀 더 만족스런 삶을 살고 싶어 할 것이다.

여기 당신 삶의 모든 부분을 풍요롭게 할 수 있는 기발한 생각 기술이 있다. 당신의 목표가 무엇이든 간에, 이 책에 나오는 아이디어와 기술들은 그동안 방출되지 못했던 당신의 창의적 상상력을 발휘하도록 도와, 시련을 극복하고 새로운 도전을 할 수 있게 해줄 것이다. 또한 당신 인생의 최고의 야망을 이루게 해줄 것이다.

9개의 점 연결하기

당신의 생각하는 법을 시험해보기 위해서 먼저 '상자 밖에서 생각하기(thinking outside the box)'라는 유명한 말을 유래시킨 빅토리안 퍼즐(Victorian puzzle)을 보도록 하자. 아래 그림과 같이 사각형 안에 9개의 점을 그린다.

　당신의 도전은 연필을 떼지 않고 오직 직선만을 이용하여 9개의 점을 연결하는 것이다. 당신은 4개의 직선만을 이용하여 각각의 점들을 한 번씩 지나가도록 연결할 수 있는가? 아마 5개의 선으로 모든 점들을 연결하는 방법은 쉽게 찾을 수 있을 것이다. 예를 들면 아래 그림처럼 말이다.

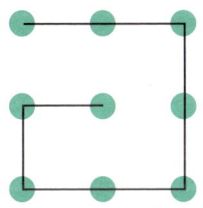

　이 퍼즐을 처음 접한 당신이 4개의 직선을 이용한 해답을 찾았다면 당신은 특출한 사람이다.(4개의 직선을 이용한 고전적인 해답은 201쪽을 참조하라.)
　왜 이렇게 극소수의 사람만이 해답을 찾는 데 성공하는가? 대부분의 사람들이(이 문제를 처음 접했을 때의 나를 포함하여) 문제를 풀 때 먼저 사각형 형태를 경계선으로 보고 그 안에서 모든 선을 그어야 한다고 생각하기 때문이다. 어느 누구도 사각형의 틀 안에서 선을 그려야 한다고 말하지 않았는데 스스로 그 틀을 만든 것이다. 그것은 우리 스스로가 만든 '생각의 상자(감옥)'이다. 우리는 그 안에서만 생각한다. 이것이 우리의 생각 습관이다. 상자 안에서는 결코 답을 얻을 수 없다. 답은 상자 밖에 있다.

우리 모두가 이러한 방법에 갇혀 있다는 것이 꽤 충격적이지만, 그렇게 하는 데는 이유가 있다. 상자 밖에서 생각하는 것은 비효율적으로 보이고, 시간 낭비이며, 또 어떤 이들에게는 비이성적으로까지 보인다. 하지만 단기간으로 볼 때는 비이성적, 비논리적으로 보일 법한 접근 방법이 결국에는 완벽하게 합리적인 답을 줄 수 있는 유일한 방법이기도 하다.

이 방법이 아무리 진부해 보일지라도, 나는 여전히 이 퍼즐이 창의적으로 생각하는 법을 보여주는 최고의 삽화 중의 하나라고 생각한다. 우리는 자신만의 인위적인 상자를 만들고 그 테두리를 벗어나지 않는 범위 내에서만 생각하고 추측한다. 하지만 알고 보면, 가장 논리적인 이유로, 상자 밖에서 생각하기 위해서는 비이성적인 행동을 허락하여야 한다.

당신은 틀을 깨는 생각을 배울 수 있는가?

좀 더 창의적으로 생각해보려고 할 때, 당신은 당신 귀에 속삭이는 의심의 작은 목소리를 듣게 된다.

"네가 정말 이것을 할 수 있겠어?"
"아마 너는 태어날 때부터 창의적인 사람이 아닐지도 몰라?"
"창의력은 선택된 사람만이 타고나는 것이 아닌가요?"

이 창의력에 대한 편견이 잘못되었다는 것을 증명해 보이겠다. 창의적인 사람과 창의적이지 않는 사람을 구분 짓는 것은 달리기를 잘하는 사람과 그렇지 않은 사람을 구분 짓는 것과 같이 도움이 안 되는 일이다. 수만 명의 시민들이 도시 마라톤에 참여하는 이 시대에, 달리기 실력은 사람마다 다르다는 것을 알고 있다. 그리고 그들의 능력이 어찌되었든 간에 연습을 통해 발전이 가능하다는 것 또한 우리는 알고 있다. 창의적인 생각도 다르지 않다. 당신은 진짜 '틀을 깨는 생각'을 배울 수 있다. 여기에는 어떤 마술도 필요 없다. 왜냐하면 우리는 새로운 기술을 발명하자는 것이 아니라, 당신의 인생이 당신 밖으로 밀어내어 버린, 처음부터 당신이 가지고 있었던 기술을 되찾아 주고자 하는 것이기 때문이다. 원래부터 우리 모두는 창의적인 사람이었다.

창의성의 불꽃을 다시 점화하라

우리 모두는 창의성을 가지고 태어난다. "왜 학교에 가야 해요?", "왜 밤 12시까지 놀면 안 되나요?", "왜 나는 달나라에 갈 수 없나요?"라고 묻는 아이들처럼 우리는 실험과 도전의 모든 것이다.

사회와 학교, 궁극적으로 일은 우리의 창의력을 방해한다. 우리는 논리적으로 올바른 답을 찾으라고 배우지만 '정상(normality)'의 범위를 벗어나는 창의적인 답을 구하라고 배우진 않는다. 우리들 대부분은 자신이 창의적인 아이디어를 꺼냈을 때 다른 사람들로부터 "그건 절대 안 될 거야"라든지 "우리가 벌써 그렇게 해봤어"라는 대답을 들어본 경험이 있을 것이다. 더군다나 현대 사회와 같은 바쁜 생활 방식에서는 많은 사람들이 비록 그들이 원할지라도, 한 걸음 물러서서 창의적으로 생각해보려 하지 않는다.

나는 이 책을 통해 당신이 일상생활에서 꿈과 목표를 이루기 위한 시간을 가지는 것이 얼마나 중요한 것인가를 깨닫기 바란다. 또한 당신의 재능을 지배할 수 있는 자신감과 노하우를 갖는 데 이 책이 도움이 되기를 바란다.

이 책에 있는 팁과 기술들은 당신의 야망이 무엇이든 간에 당신을 도와줄 것이다. 하지만 나는 창의력에 관한 다른 책들이 흔히 언급하지 않는 사실, '모든 기술이 모든 상황에 적용되는 것은 아니라는 점'을 강조한다. 예를 들어 당신이 뉴스레터(newsletter)의 제목을 뽑고자 한다면 여러 명이 함께 브레인스토밍(brainstorming)을 하는 것이 도움이 될 것이다. 하지만 소설이나 시를 쓰고자 한다면 혼자서 고독을 씹는 것이 영감을 얻는 데 더 도움이 될 것이다. 내가 아는 한 찰스 디킨슨(Charles Dickens)은 플립차트(flipchart)를 넘기면서 "자, 1장에 쓰일 아이디어를 구상해봅시다"라고 하지는 않았다.

당신의 창의적 도전이 크든 작든 이 책을 통해 새로운 영감을 얻게 되길 바란다. 그렇게 될 것이다.

지금의 나를 버릴 때 내가 바라는 모습의 내가 된다.
When I let go of what I am, I become what I might be.
– 노자(Lao Tzu, BC 6세기)

1장
틀 안의 편견과 습관 인식하기

창의력을 최대한 활용하기 위해서는 당신의 능력을 확인하고, 당신의 발목을 잡고 있는 모든 습관들을 인식하는 것이 중요하다. 상자 밖에서 생각하기 전에, 먼저 당신의 '상자'가 무엇인지 파악해야 한다.

이 장은 몇 가지 가벼운 연습 문제들로 시작한다. 이 게임들은 재미로 하는 것이지만, 당신에게 새로운 가능성을 보여주고 당신의 아이디어를 제한하는 편견과 습관을 깨닫게 해줄 것이다. 그런 후 당신이 아직 인지하지 못했던 당신의 창의적인 기술에 대해 생각하도록 힘을 북돋아 줄 것이다. 이 장의 끝에는 창의력을 가장 적절하게 사용할 수 있는 방법을 설명한다.

상자? 무슨 상자?

Box? What Box?

상자를 빠져나오기 전에, 먼저 상자 안에 있을 때의 느낌을 떠올려보면 도움이 된다. 여기에 있는 몇 가지 연습 문제들은 상자 안의 다양한 생각들을 보여주고 있다. 만약 당신이 이러한 사고의 틀에 박혀 있다고 생각되더라도 걱정하지 마라. 많은 사람들이 같은 문제를 안고 있으니까.

수영장 퍼즐

로빈슨 가족은 정원에 정사각형 모양의 수영장을 가지고 있다. 수영장의 모서리에는 네 그루의 나무가 있다. 로빈슨 가족은 수영장을 사각형의 형태를 유지하면서 두 배로 크게 만들고 싶어 한다. 하지만 나무는 베지 않고 그대로 두어야 한다. 로빈슨 가족은 이 문제를 어떻게 해결할까?

어린아이들은 보통 이 문제에 대해서 다음과 같은 창의적인 대답을 한다.

"나무가 있는 곳을 섬처럼 남겨 두고 주위를 판다."
"수영장의 깊이를 두 배가 되게 판다."
"미끄럼틀이 있는 이층 수영장을 만든다."

이러한 것은 모두 좋은 아이디어지만, 대부분의 어린이와 어른들이 놓치기 쉬운 간단한 해결책이 있다(201쪽 참조). 가끔은 다른 방향에서 문제를 바라볼 필요가 있다.

연속하는 문자 퍼즐

사람들의 생각이 그들이 자라 온 패턴(pattern)에 의해 얼마나 많이 영향을 받는지를 알면 놀랄 것이다. 다음의 퍼즐을 풀어보자.

만약 ABC → ABD라면 XYZ → ?

답을 보기 전에 먼저 생각을 해보자.

만일 XYA라고 답했다면 당신은 대부분의 사람들과 같은 생각을 하고 있는 것이다. 시계가 12시에 도달하면 다시 1시로 돌아가는 것처럼 많은 사람들이 이와 같은 패턴을 문자에도 적용시켜 Z 후에는 A로 돌아간다고 생각한다. 이 답이 틀린 것은 아니지만, 이것이 꼭 맞는 유일한 답이라고 할 수는 없다.

XY1, XYㅇ, XYD, WYZ, XYAA 등과 같이 다른 종류의 답들이 있을 수 있다. 이 여러 답변 중 특히 XYAA는 적극적 창의성을 발휘한 답이라고 느껴질 것이다. 이 답변을 한 사람은 다른 문자를 추가할 생각을 어떻게 하였을까?

실제로 XYAA라는 답을 생각한 여자가 있었다. 그녀는 매일같이 엑셀과 같은 스프레드시트(spread sheet) 프로그램을 사용하고 있었는데, 그녀의 스프레드시트 문서에서 Z 다음의 칼럼은 AA였다. 내가 XYA라는 답을 말하자 그녀는 "오, 그거 좋은 답변이네요. 누가 그걸 생각해냈나요?"라고 하였다. 당신은 그녀와 같은 생각을 하지 못할 수도 있으나, 그녀 또한 당신과 같은 생각을 하지 못할 수 있다. 이처럼 새로운 생각은 때때로 단지 다른 경험을 가짐으로써 생겨날 수 있다.

먹이 다 된 펜으로 할 수 있는 것들

다음의 문제를 풀기 위해서는 연필, 종이, 타이머가 필요하다. 이것을 모두 갖추었다면 먹이 다 된 싸구려 볼펜을 가지고 있다고 상상해보라. 그리고 이 다 쓴 볼펜으로 할 수 있는 일을 생각나는 대로 1분 동안 써보아라.

자, 지금 시작해보라.

- 대부분의 사람들은 이 문제를 어려워한다. 그리고 세 가지 정도의 아이디어밖에 적지 못한다. 일반적으로 사람들은 '펜을 던져버리고 이 문제를 잊고 싶다'고 생각한다.
- 어떤 사람들은 4~5개의 아이디어를 적는다. 일반적으로 그들은 먹이 다 된 볼펜으로 할 수 있는 실용적인 일, 예를 들면 포인터나 구멍 뚫는 펀치 등을 떠올린다.
- 몇몇 사람들의 점수는 그보다 훨씬 높았다. 특이하게 15개나 적은 사람도 있었다.

먹이 다 된 볼펜으로 할 수 있는 일들의 일부를 202쪽에서 확인할 수 있다. 이것은 단지 시작일 뿐이다. 우리에게 더 많은 시간이 주어진다면 아마 수천 가지의 아이디어를 생각할 수 있을 것이다.

어떤 도전이든 간에, 그것에는 아이디어를 끄집어낼 수 있는 '아이디어의 큰 수영장'이 있다. 그것을 깨닫는 순간, 당신은 이미 당신의 창의력을 자유롭게 하는 중요한 발걸음을 내딛은 것이다. 책의 뒷부분에서 아이디어의 수영장을 활용할 수 있는 방법을 충분히 찾을 수 있을 것이다.

우스꽝스러운 답이 정답

어떤 TV 퀴즈 프로그램을 보면 참가자는 객관식 문제를 받는다. 때로는 정답을 쉽게 알 수 있도록 하기 위해, 확실한 정답 1개와 잠깐 생각을 해봐야 하는 틀린 답변 1~2개, 그리고 우스꽝스러운 답변 1개를 보기로 준다. 가끔은 장난이라고 여길 정도로 보기가 너무 확연하게 차이 나는 것도 있다. 하지만 때로는 우스꽝스러운 답이 정답일 때도 있다. 예를 들어 다음과 같은 질문을 보자.

미국 최초의 셀프서비스 슈퍼마켓의 이름은 무엇인가?

- 세이프웨이(Safeway)
- 세이프바이(Safe-buy)
- 피글리위글리(Piggly Wiggly)

사실, 1916년에 설립된 '피글리위글리'는 미국 남부 및 중서부 지역에서 유명한 미국 최초의 슈퍼마켓이다. 설립자는 단지 웃기는 어감 때문에 이 이름을 선택했다고 한다. 당신이 피글리위글리라는 말을 한 번 듣게 된다면 그것을 결코 잊어버리지 않을 것이다. 또한 그의 슈퍼마켓 이름도……

> **기발한 이름들**
>
> 첫눈에는 우스꽝스러워 보이지만, 그것 때문에 기억에 남는 이름이 있다. 이름을 정할 때 아마존(책과 무슨 상관이 있지?)과 렉서스(산뜻한 말이지만, 바로 자동차를 암시하지는 않는), 애플(먹을 수 있는 컴퓨터?)은 그것에 대해서 심사숙고하였을 것이다. 이들 이름은 오늘날 누구나 들으면 알 수 있는 너무나 유명한 이름이 되었다. 누군가가 이 이름을 변경한다면 사람들은 크게 화를 낼지도 모른다.

기존의 지식과 습관이 잘못된 답으로 이끈다

당신은 일생 동안 얼마나 자주 거울을 보았는가? 아마도 수천 번은 될 것이다. 그런 경험을 바탕으로 다음 문제를 풀어보도록 하자.

당신은 지금 수직으로 긴 거울 앞에 서 있다. 예를 들어 욕실 수납장 문에 붙어 있는 거울 앞에 서 있다고 상상해보라. 거울 속에는 당신의 배꼽 위 상반신 정도의 몸이 보인다. 여기서 몇 미터 뒤로 물러난다면 당신의 몸은 어느 정도 보이겠는가?

(A) 더 많은 몸을 볼 수 있다.
(B) 그대로이다.
(C) 몸의 더 적은 부분만 볼 수 있다.

대부분의 사람들은 답이 (A)라고 알고 있을 것이다. 하지만 이것은 틀렸다. 정답은 (B)이다. 거울로부터 물러나도 당신은 여전히 배꼽 위 상반신만 볼 수 있다. 당신은 내 말을 믿지 못해, 실험을 해보기 위해 가까이 있는 거울로 달려갈 것이다.

왜 사람들은 이렇게 잘못 생각하고 있을까? 아마도 거울이 종종 아래로 기울어져 있기 때문에 뒤로 물러나면 더 많은 몸을 볼 수 있을 거라고 생각하기 때문이다.

새로운 문제에 직면하면 이전에 발생한 상황에서 유사성을 찾는 것은 자연스러운 일이다. 하지만 지금의 문제가 비록 과거 경험의 특정 측면과 같아 보일 수는 있지만, 아마도 그것은 미묘하게 차이가 있을 것이다. 당신의 기존 지식과 습관은 때때로 당신을 잘못된 답으로 이끌 수 있다.

'아하!'의 순간

지금까지 한 연습 문제의 주제는 모두 '놀라움'을 포함하고 있다. 처음에 당신은 일방적인 특정 상황만 바라보았지만 이제는 상황을 다르게 보고 있는 자신을 발견할 것이다. 창의적 활동의 대부분은 이러한 놀라운 경험을 즐기는 것이다. 어떤 사람들은 이것을 **'아하!'의 순간**이라고 부른다.

창의적 활동으로 인해 얻게 되는 다른 경험들은 아름다운 무언가를 만든다는 자부심, 그리고 흥분과 기쁨일 것이다. 철학자 아서 캐슬러(Arthur Koestler)는 창의성을 '예술', '발견', '유머'라는 세 단어로 정의하였다. 그리고 누군가는 이것을 깔끔하게 정의하였다.

창의성은 **'아!'**, **'아하!'** 그리고 **'하하!'** 이다.

책 뒤쪽의 답을 엿볼 때까지 '아하!'의 순간이 오지 않아서 짜증이 나더라도 걱정하지 마라. 당신만 그런 게 아니다. 몇몇 사람들은 '아하!'의 순간을 마음대로 불러일으킬 수 있지만, 그런 사람들보다는 실천과 올바른 태도를 지닌 사람이 그 순간을 더 자주 맞이할 수 있다.

위대한 혁신자 토마스 에디슨(Thomas Edison)은 "창의력은 99%의 땀과 1%의 영감이다"라고 하였다. 그리고 이 영감의 순간은 기다릴 만한 가치가 있는 만족을 주는 것이다.

문을 여는 사람이 되어라
Be an opener of doors
- 랄프 왈도 에머슨(Ralph Waldo Emerson, 1803~1882)

당신의 **창의적인 성향** 발견하기

Finding your creative streak

창의력은 세계적으로 유명한 예술가나 노벨상 수상자들에게만 존재하는 것이 아니다. 당신의 가까운 친척들과 친구들의 재능을 떠올려보자. 그 중 몇몇은 아주 특별한 재능이 있을 것이고 또 몇몇은 이러한 재능을 매우 간단한 일상생활에 적용하고 있을 것이다. 이와 같이 당신도 당신의 깊숙한 내면에 위치한 창의력의 씨앗을 찾을 수 있어야 한다.

창의적인 사람은 어떤 사람인가?

창의성은 여러 가지 형태로 나타난다. 당신만의 창의성에 대한 정의를 찾고자 한다면, 당신이 창의적인 사람이라고 생각하는 몇몇 사람을 떠올려보자. 그리고 그들 각각의 재능과 자세를 떠올려보자. 아마도 대부분 그들은 서로 매우 다른 특성을 가지고 있을 것이다. 다음과 같은 나의 목록에 있는 몇몇 사람을 살펴보자.

톰 – 건축업자

톰에게 프로젝트를 맡기면 그는 항상 많은 아이디어를 제공하고,

깔끔하고 우아한 방법으로 문제를 해결한다.

로리 – 홍보 이사

그녀는 보통 사람들과 다른 방식으로 세상을 본다. 색다르지만 일반적으로 받아들여지는 각도에서 세상을 본다. 그녀 또한 새로운 아이디어를 떠올릴 수 있는 천연덕스러운 유머 감각과 재치를 지니고 있다.

리처드 – 작곡가

그는 작곡뿐만 아니라 삶에 있어서도 열정적인 사람이다. 새로운 아이디어를 그에게 말하면, 그는 언제나 가능성을 보여준다.

켈리 – 요리사(취미)

그녀에게 간단한 업무를 주면 다른 사람의 도움 없이도 당신이 원하는 것을 만들어낸다. 그녀는 아이디어를 마지막까지 매끄럽게 다듬고 확고하게 만드는 완벽 주의자이다.

창의성의 요소

위 목록에 있는 각 사람들은 그들이 하는 일에 대한 기술과 세계관을 가지고 있다. 그들을 보고 우리는 창의력의 특성들을 파악할 수 있다.

창의적인 생각을 가지고 있는 사람은

- 많은 아이디어를 생성한다.
- 가능한 아이디어와 그렇지 않은 아이디어를 본능적으로 구별할 수 있다.
- 보통 사람들과는 다른 각도에서 문제에 접근한다.
- 모든 일에 도전적이다.
- 남의 아이디어를 짓밟기보다는 그 아이디어를 보완하고 발전시킨다.
- 새로운 것을 창조하고자 하는 욕망에 따라 움직인다.
- 오랜 시일이 걸리는 문제라도 결코 포기하지 않는다.
- 관련성이 없는 분야 사이의 연결성을 찾는다.
- 완벽해질 때까지 아이디어를 미세하게 조정한다.

하지만 사람이 이러한 모든 특성들을 가지기는 힘들다는 사실을 알아야 한다. 만약 톰과 로리가 직업을 바꾼다면 그들의 창의성은 전혀 나타나지 않을 수도 있다.

이제 당신 자신에 대해 생각해보자. 당신의 창의적인 특성은 무엇인가? 당신의 약점은 무엇인가? 언제 당신의 재능이나 상상력, 융통성이 사용되는지를 파악해보면 당신의 창의성이 발휘되는 시점을 알 수 있다. 약점을 발견하였다면 어떠한 부분에 노력을 기울여야 할지 알게 될 것이다.

어떻게 창의적이길 원하는가?

일주일, 한 달 또는 1년 후, 당신이 더 창의적인 사람이 되었다는 것을 어떠한 방법으로 측정할 수 있을까? 당신만의 창의성의 기준을 정하고 그 기준에 따라 스스로를 평가해보자.

당신의 첫 번째 창의성 평가 기준은, 새로운 것을 만들어낼 수 있는가의 여부일 것이다. 당신만의 그릇을 만들고 가구를 조립하는 일 등 무엇인가를 만드는 행위 자체가 바로 당신을 상자 밖으로 탈출시키는 열쇠가 될 수 있다. 그것이 영감을 떠올리는 것보다 더 고되고 힘들게 느껴질지라도 말이다.

어떤 사람들에게 창의적인 것이란 새로운 무언가를 하는 것이다. 이것은 독특한 그림을 그린다거나 새로운 음악을 작곡하는 것과 같이 당신이 과거에 시도해보지 못한 새로운 도전일 수도 있고, 다른 사람들이 생각해내지 못했던 기발한 것일 수도 있다.

또 다른 당신의 평가 기준은 결과물이다. 결국 누구나 물감을 종이에 흘리는 행위 자체로도 새로운 창의적 작품을 만들 수 있다. 하지만 그것이 과연 예술인지 또 나아가 훌륭한 작품인지는 작품을 보는 사람의 시각에 따라 달라진다.

마지막으로 당신의 평가 기준은 스스로에 대한 만족도일 것이다. 당신이 결과물에 중점을 두었는지 아니면 창의적 활동에 참여하는 과정 속에서 느끼는 만족감에 중점을 두었는지에 따라 당신의 창의성에 대한 평가는 달라질 것이다.

어떤 실험이나 발견 과정 그 자체가 당신의 창의성을 자극한다면 당신과 동일한 생각을 가진 위대한 사람이 있다는 것을 기억하라. 레오나르도 다빈치(Leonardo da Vinci)는 기발한 아이디어를 떠올리기로는 유명했지만, 아이디어를 실행에 옮겨 마무리하는 데에는 관심이 없었다. 그의 스케치북에 그려진 다양한 그림들(자전거, 전쟁 장비)을 통해서 우리는 그가 새로운 개념 및 원리를 발견하는 행위 자체로부터 창의적 기쁨을 느꼈다는 것을 알 수 있다.

창의성의 세 가지 기준

사람들은 일반적으로 내가 **창의성의 3P**라고 부르는 세 가지 기준을 가지고 창의적인 활동인지를 판단한다.

- **결과물**(The product) − "이 그림은 다른 것과 정말 다르다."
- **과정**(The process) − "그녀는 많은 장애물을 넘었다."
- **사람**(The person) − "존 레논이 쓴 것이기 때문에 창의적이다."

대부분의 사람들은 그들이 창의적으로 이루어낸 것을 구별해내지 못한다. 이것은 대부분의 사람들이 창의성을 결과물로만 판단하기 때문이다.

애초에 창의적이라고 분류되는 사람들은 대부분 그 선입견에서 벗어나기 힘들다. 우리는 흔히 창의적이라고 분류되는 사람들(피카소,

다빈치, 모차르트)의 대부분의 활동을 창의성과 연관지어 해석한다. 하지만 창의적이라고 미처 분류되지 못한 사람들은 이들과 비슷한 아이디어를 갖는다 하더라도 쉽게 아이디어의 창의성이 인정되지 않는다.

대부분의 사람들에게는 창의적 활동의 과정이나 문제를 해결하는 과정이 창의성에 있어 가장 중요한 부분이다. 당신이 만약 의자를 만들고자 한다면, 어떠한 과정으로 재료를 찾아야 하는지, 어떻게 다양한 부분을 조립하여야 하는지 등등에 대한 여러 가지 창의적 생각을 가지고 있을 것이다. 어쩌면 그 의자는 결국 다른 수천 개의 의자와 비슷한 모양으로 만들어질 수도 있고, 사람들은 당신의 창의성에 대해 의문을 품게 될지도 모른다. 하지만 결과적으로 당신은 의자를 만들기 위해 수많은 당신만의 '상자'에서 벗어나야 할 것이다.

아마도 우리의 경우, 과정을 중점으로 하는 창의성에 대한 평가가 적합할 것이다. 대부분의 일상적인 창의성은 그것을 통해 도착하려는 목적지가 아닌 그 과정에서 겪는 모험에 관한 것임을 깨닫는 것이 중요하다.

2장
틀을 깨기 위한 사고방식

창의적 사고는 아이디어를 생각해내는 것이지만, 그와 마찬가지로 중요한 것은 사고방식이다. 가장 중요한 요소는 긍정적인 생각과 개방적인 접근 방법이다. 긍정적인 사람은 유리컵의 물이 반이나 없어졌다가 아니라 반이나 남았다고 생각하는 것처럼, 창의적인 사람은 긍정적인 자세로 프로젝트나 문제에 접근한다. 그들은 할 수 있는 일에 집중하고, 문제나 의심이 그들의 발목을 잡지 못하게 한다. 또한 창의적인 사람은 적당한 일에 안주하기보다는 오히려 미지의 영역에 뛰어들기를 좋아한다.

그럼, 지금 당신은 얼마나 창의적인 사람인가? 그리고 보다 창의적인 생각을 할 수 있도록 당신의 사고방식을 바꾸기 위해서는 무엇을 할 수 있는가? 이번 장에서는 새로운 아이디어를 생성하는 데 장애물이 되는 것이 무엇인지 알아보고, 다양한 상황에 당신의 접근 방식을 적용하는 방법을 보여준다.

틀에 박힌 생활에서 벗어나기

Getting out of the rut

틀에 박힌 삶을 살고 있는가? 하루하루가 틀에 박힌, 지루하고 불만스럽고 싫증나는 반복적인 삶인가? 마차가 길 위의 바퀴 자국에서 벗어나면 덜컹거리며 큰 충격을 받는 것처럼, 당신도 자신의 틀을 깨기 위해서는 그것과 맞먹는 과감한 그 무엇이 있어야 한다.

당신의 발목을 잡는 것은 무엇인가?

틀에 박힌 생활을 하고 있는 자신을 발견했다면, 무엇이 당신을 거기에 붙들어 매고 있는지 알아야 한다. 그런 후 문제에 따라 다른 행동 전략을 펼쳐야 한다. 사람들은 아마 웬만하면 아래의 두 가지 상황 중 하나에서 벗어나고 싶어 할 것이다.

- 곤란함에 빠져 있다고 느낀다.(재정적, 물리적 또는 벗어날 수 없는 의무감 때문에.)
- 편안함을 느낀다.(틀에 박힌 생활은 익숙하고, 좌절할 필요가 없고, 자신감을 느끼는 장소이다. 누구는 이러한 환경을 '모피 깔린 바퀴길'

이라고 하였다.)

자신을 가두고 있는 함정에서 탈출하기 위해서는 인디아나 존스처럼 생각해야 한다. 당신은 정말 갇혀 있는가? 좁은 바위 틈새로 한 줄기 빛이 보이고, 빠져나갈 구멍이 보이는가? 어디서부터 탈출 계획을 시작할 수 있는가?

당신은 정말 다른 직업을 찾을 여유가 없는가? 당신은 정말 운전을 해 아이를 학교에 데려다 주는 스트레스에 직면하기 전에, 매일 아침 같은 시간에 아이들 도시락 준비를 하고 있는가? 만약 그 상황을 변화시킬 조그마한 압박이라도 가할 여지가 있다면, 어디서든 무엇이든 시도해볼 수 있다.

편안한 일상에서 벗어나는 것은 힘든 일이다. 왜냐하면 지금 당신이 행복하지 않더라도 현 상태를 유지했을 때 주어지는 작은 혜택들이 그것을 유지하도록 당신을 유혹하기 때문이다. 이러한 안정감과 커다란 '미지의 세계' 사이의 갈등 끝에서 결국 많은 사람들이 (벗어나고 싶어 하지만) 안정감이 이미 보장된 직업을 선택하는 것은 놀라운 일이 아니다.

편안함에서 벗어나기

아래의 그림은 무슨 일이 일어나고 있는지 설명하는 데 도움이 된다. 당신이 원하는 상황이 지금보다 더 나을 수도 있지만, 처음에는 지금보다 더 암울한 불안정한 시기를 겪어야 할 수도 있다. 변화에 따른 불편함을 감수할 준비가 되어 있지 않다면 당신은 매번 발가락을 물에 담갔다가 바로 빼고 말 것이다. 금연을 시도해본 사람이라면 아래의 그래프를 인정할 것이다.

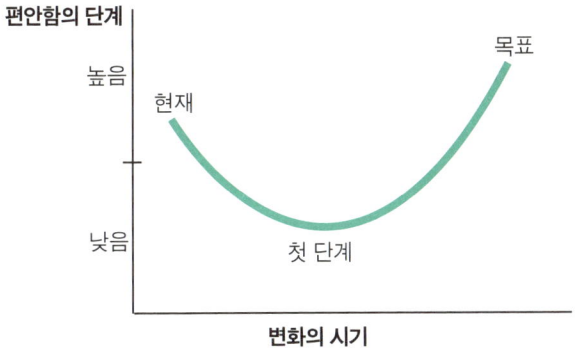

이러한 시기를 빠져나가기 위해서는 어떠한 시련도 이겨낼 수 있는 뚜렷한 동기부여가 있거나, 불편한 중간 과정을 피해 바로 목표점에 도달하는 방법을 찾아야 한다.

갑작스런 결정 내리기

큰 도약을 할 수 있는 한 가지 방법은 갑작스럽게, 되돌릴 수 없는 결정을 내리는 것이다. 예를 들면 사표를 던지거나 집을 파는 것과 같은 것이다.

당신이 충분히 강한 의지를 가지고 있을 경우 불편한 시기를 빠르게 극복할 수 있다. 우리 모두는 어떤 순간에 급진적인 변화에 대한 욕망을 느낀다. 그 순간을 포착해야 한다. 당신이 바로 행동으로 옮기지 않는다면 하룻밤 사이에 마음은 변해버리기 쉽다. 새로운 행동을 시작한 후에는 일의 탄력을 유지하기 위해 그리고 다른 생각이 들지 않도록 하기 위해 분명한 목표를 세울 필요가 있다.

운명을 시험해보기

운명이 당신의 편이라면 또 다른 탈출 경로가 나타날 수도 있다. 회사가 파산했거나 당신의 생활 방식을 바꿀 정도의 큰 가족적 위기가 직면했다고 가정해보자. 운명과 같은 예상 밖의 문제는 당신의 통제 밖에 있다. 그렇기 때문에 운명을 받아들이고 그 기회를 이용한다면 당신의 인생을 쉽게 변화시킬 수 있다. 큰 위험을 감수해야 하거나 당신이 예측하지 못하는 결과물을 갖는 임무일지라도 도전해 보아라. 당신을 스스로의 한계까지 내몰아 보아라. 그러면 무언가가 운명적으로 맞아떨어질 것이고, 당신이 그렇게 큰 위험을 감수하고 도전을 한 것에 대해 매우 감사하게 될 것이다.

> 위험이 없는 승리는 영광이 없는 승리이다.
> To win without risk is to triumph without glory.
> – 피에르 코르네유(Pierre Corneille, 극작가, 1606~1684)

개인적인 장애물 확인하기

Identifying personal blocks

창의적인 사고를 방해하는 장애물 중 하나는 주변의 물리적인 환경과 사람들로부터 나온다. 그러나 당신이 직면하게 되는 가장 큰 장애물은 자신감의 결여나 시간 관리의 미숙함과 같은 개인적인 장애물일 가능성이 크다.

일반적인 문제

아래 목록은 사람들이 자신의 재능을 사용할 수 없다고 느끼는 가장 일반적인 이유이다. 이 중 어떤 것이 당신에게 해당되는가? 아니면 당신의 발목을 잡고 있는 또 다른 문제가 있는가?

"나는 아이디어가 없어"

이것은 창의력을 방해하는 가장 일반적인 것이다. 종종 사람들은 독창적이지 않고, 비현실적이라는 이유로 자신의 아이디어를 묵살해버린다. 또는 당신이 실수가 용납되지 않는 규칙과 절차에 의해 지배당하는 직장에서 생활하고 있다면, 아이디어를 내는 것이 간단한 문제가 아니라고 생각할 수 있다. 일부의 사람들이 아이디어를 만들어내는 데 있어 더 능통한 것은 사실이지만, 그들 또한 생각을 하기 때문에 아이디어를 만들어내는 것이다. 창의적인 천재에 대해서 스스로 판단하지 마라. 창의적이지 않다고 생각한 당신의 아이디어가 다른 사람에게는 무척 창의적일 수 있다. 지금의 당신으로부터 시작해보자.

"다른 사람들이 어떻게 생각할까?"

사람들은 군중 앞에 나설 때, 자신이 풍파를 만들고 있다고 다른 사람들이 수군거릴까 봐 걱정을 한다. 또는 능력 밖의 일이나, 일이 점점 잘못될 거라는 걱정 때문에 불안해한다. 하지만 솔직히 다른 사람의 견해는 그들의 문제이지 당신의 것이 아니다. 물론, 당신의 생각에 대해 진실한 친구의 의사를 들어보아야 한다. 하지만 이 일은 다른 사람이 아닌 당신 자신을 위해서 하는 것이어야 한다. 창의적 사고는 때론 외로운 길이지만, 그것은 당신 이전부터 수백만 년 동안 다져온 길이다.

"나는 시간이 없어요"

이것은 창의력을 방해하는 장애물인가 아니면 단지 핑계에 불과한 것인가? 어떠한 일이 당신에게 정말 중요하다면 당신은 그것을 위해 시간을 만들 것이다. 이 장의 뒤에 여가 시간을 찾는 몇 가지 제안이 있다. 시간이 없다는 것이 꼭 나쁜 것만은 아니다. 때로는 그것이 아이디어를 떠올리는 데 도움이 되기도 한다. 문제점에 대해 충분히 생각할 여유가 없는, 마감 시간이 촉박한 일을 할 때 그렇다. 즉석 코미디(improvised comedy)가 몇 달 동안 연습을 한 대본이 있는 코미디(scripted comedy)보다 종종 더 재미있는 것도 이런 이유 중의 하나이다.

"잘못되면 어떡하지?"

일이 잘못될 것이라고 걱정하는 데는 두 가지 이유가 있다.

첫째, 실패는 당신이나 다른 사람들에게 큰 피해를 입힐 것이라는 생각이다. 만약 이런 가능성이 있다면 물론 당신 아이디어의 결과를 생각해보아야 한다. 하지만 처음부터 아이디어를 가지는 것을 중단해서는 안 된다.

둘째, 당신의 명성이 손상을 입을 것이라는 생각이다.(나는 아직도 노래방 기계 앞에서 애먹었던 일을 기억하고 있다. 그것을 다시 시도하기 위해서는 많은 시간이 걸릴 것이다.) 이러한 것이 두려워 시도하는 것을 멈추어서는 안 된다. 많은 위대한 사상가들의 특징 중 하나는 고통스럽고 당혹스런 실패를 하더라도 시도하는 것을 결코 멈추지 않았다는 것이다. 나는 발명가 벅민스터 풀러(Buckminster fuller)의 사고방식이 마음에 든다. 그는 이렇게 말했다.

"실패한 실험은 없다. 다면 예측하지 못한 결과를 가져오는 실험이 있을 뿐이다."

긍정적인 피드백 받기

Getting positive feedback

처음으로 무언가를 시도할 때, 당신은 어떻게 해야 할지 판단하는 데 도움이 되는 피드백을 스스로에게나 주변 사람들에게서 구한다. 부정적인 피드백은 당신을 주저하게 하거나 포기하게 할 수도 있지만, 긍정적인 피드백은 당신의 노력을 강화하는 데 아주 필수적인 것이다.

악순환의 고리 포착하기

어린 시절 피아노 레슨을 받을 때, 나는 내 자신이 치는 쨍쨍거리는 피아노 소리 때문에 겁을 먹곤 하였다. 매일 연습실에 울려 퍼지는 불협화음은 내가 얼마나 피아노를 못치는가를 상기시켜주었다. 그리고 이러한 모든 실수는 내 자신감을 손상시켜 다음에도 더 많은 실수를 하게 하였다.

이러한 종류의 부정적인 피드백은 일을 매우 어렵게 만든다. 각각의 실수들은 다음의 '악순환의 고리'에서 보는 바와 같이 문제를 증폭시킨다.

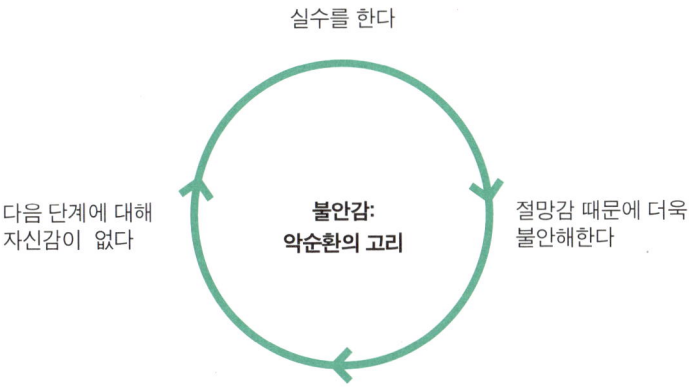

패턴 깨기

어떻게 하면 이런 악순환으로부터 벗어날 수 있는가? 내가 어른이 되어 다시 피아노를 치게 되었을 때 나는 하나의 방법을 발견하였다. 나는 그동안 연주했던 곡보다 더 어려운 곡을 쳐보고 싶어서 전자 피아노를 구입하였다. 그것의 가장 유용한 기능은 볼륨 조절 기능으로, 나는 매번 연주를 시작하기 직전에 볼륨을 작게 내렸다. 이와 같은 방법은 음을 정확하게 연주하기 어려운 곡에 얼마나 좋은지 모른다.

이것은 내가 연주할 음악 CD를 넣고, 키보드의 볼륨을 제로에 가깝게 한 후 연주를 할 때 더욱 효과가 있었다. 만일 내가 틀리지 않고 연주를 한다면 들을 수 있는 소리는 모두 같을 것이다. 이렇게 해서 틀리는 부분을 정확하게 알 수 있었고, 손가락을 누를 때의 느낌도 알 수 있었다. 나는 이런 경험을 가진 것이 나에게 동기부여가 되어 그 뒤에 따르는 어려운 연습을 할 수 있게 된 것이라고 확신한다.

당신이 새로운 프로젝트 혹은 기술에 도전하려고 할 때, 최소한 시작 단계에서만이라도 의도적으로 긍정적인 피드백에 자신을 노출시키고, 부정적인 피드백을 거부하는 것이 도움이 된다.

부정적인 피드백 피하기

부정적인 피드백을 피하는 데 도움이 되는 다양한 기술이 있다. 다음의 두 가지 예를 보자.

노래로 상자를 벗어나려는 경우

노래를 할 때 부정적인 피드백은 종종 다른 사람의 얼굴 표정이나 자신의 목소리에서 느낄 수 있다. 그것을 피하려면 차 안에서 노래를 하면 좋다. 좋아하는 앨범을 넣고 도로에 나가서 목청이 터지도록 크게 노래를 불러보자. 시속 60마일(97킬로미터)에서는 아무도, 심지어 당신 자신마저도 아무 소리를 들을 수 없을 것이다.

그림으로 상자를 벗어나려는 경우

드로잉을 연습하는 한 가지 방법은 그림이나 사진을 따라 그리는 것이다. 불행하게도 많은 사람들이 모델과 자신이 그린 작품을 비교할 때 뭔가 다르다는 것을 발견하게 된다.

당신의 그림이 실제와 다르게 된 것은, 당신 눈에 보이는 대로 정확하게 그리지 않아서이다. 당신의 뇌는 눈에 보이는 것을 받아들이기보다 우선적으로 당신이 과거에 보고 이미 만들어놓은 얼굴의 기본 이미지를 재현한다. 그 결과 당신 앞에 있는 것을 그리고자 할 때 혼란스러워진다. 이것은 우리가 습관적으로 생각하기 때문이다.

이 혼란스러운 피드백을 해결하는 가장 좋은 방법 중의 하나는 이미지를 거꾸로 두고 그리는 것이다. 그러면 당신의 뇌는 더 이상 얼굴(혹은 어떤 이미지)로 인식하지 않는다. 그래서 당신은 당신의 생각이 보는 것이 아닌 당신 눈에 보이는 대로 집중하여 그릴 수 있게 된다. 그 결과는 매우 정확하다.

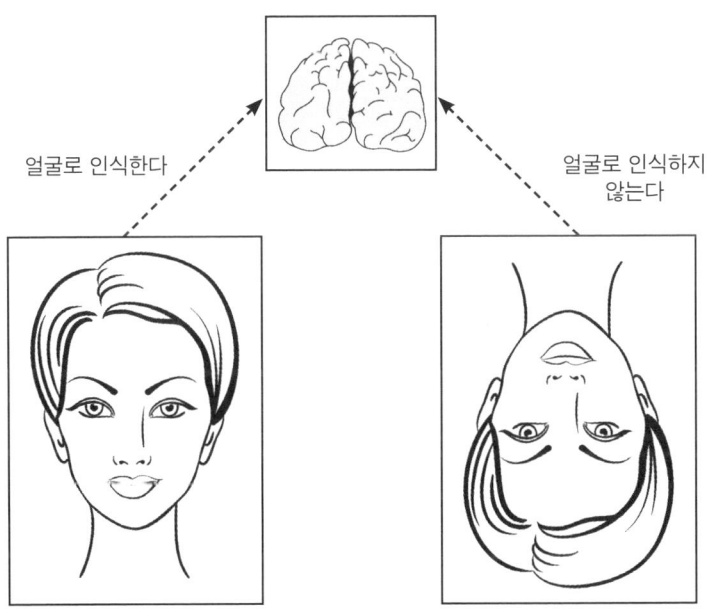

2장 • 틀을 깨기 위한 사고방식

큰 변화 만들기

부정적인 피드백을 없애는 것은 인생의 심각한 도전(예를 들면 살을 빼는 것과 같은 일시적인 변화와 직장을 옮기는 것과 같은 장기적인 변화)만큼이나 중요한 일이다.

다이어트로 상자를 벗어나려는 경우

다이어트를 하는 많은 사람들이, 저울 앞에서 살을 충분히 빼지 못했음을 확인하고, 자신의 의지가 나약함을 질책하면서 부정적인 피드백을 겪고 있다. 이것은 그들을 우울하게 만들고, 결국 즐겨 먹는 간식을 찾게 만든다. 이렇게 악순환은 계속된다. 당신이 이러한 문제에 직면했을 경우, 이런 악순환의 고리를 끊을 수 있도록 저울을 치우고 주방 찬장이나 냉장고에 자신을 격려하는 메시지를 붙여두어라. 그러면서 용기를 얻고 결심을 강화하면서 노력하면 좋은 결과를 얻을 것이다.

이직으로 상자를 벗어나려는 경우

당신이 월급은 적지만 많은 만족감을 주는 직장으로 이직을 하겠다고 하면, 친구들은 걱정 섞인 목소리로 "확실해?", "정말 괜찮겠어?"라고 물어올 것이다. 또 당신의 통장 잔고는 "보라구, 이젠 바닥이야!"라고 하면서 당신에게 부정적인 피드백을 줄 것이다.

이러한 부정적인 피드백들은 37쪽에서 설명한 '모피 깔린 바퀴길'에 머무르도록 당신을 유혹할 것이다.

    이러한 피드백은 중요한 것이지만(통장 잔고에 신경 쓰지 않으면 보통 충격적인 결과를 맞게 된다.) 제어할 필요가 있다. 무엇이 잘못되었다고 말하기 전에 당신의 계획에 관해서 좋은 점을 이야기해줄 친구에게 물어보라. 그리고 줄어든 수입으로 생활할 수 있는 세부적인 재정 계획을 수립하여라.(197쪽 '최악의 경우 대비하기'에 더 많은 조언이 있다.)

너무 **성급한 평가** 피하기

Avoiding premature evaluation

누군가가 새로운 아이디어에 대해 당신의 의견을 구한다면, 당신은 다음과 같이 말하는 자신을 발견할 것이다. "당신은 할 수 없을 겁니다. 왜냐하면…" 또는 "아, 당신이 모르고 있는 것이 있는데…" 이와 같은 반응은 자연스러운 것이지만 이것은 그 사람의 창의성을 완전히 죽일 수도 있는 것이다.

새로움의 충격

왜 우리는 이렇게 부정적으로 반응하는가? 한편으론 좋은 의도에서 일 수 있다. 그들이 시간과 에너지를 낭비하는 것을 원치 않기 때문이다. 그러나 다른 한편으론 다음과 같은 이유로 부정적인 반응을 보인다.

- 우리는 올바른 답을 찾도록 길러졌다. 우리는 완벽하지 않은 아이디어에 직면했을 때 단점을 지적해줘야 한다는 의무감을 느낀다.
- 새로운 아이디어가 위협적일 수 있다. 새로운 아이디어는 우리가 일을 제대로 못하고 있다거나 변할 필요가 있다고 느끼게 하는 존재이다.

- 자신들의 아이디어가 아닌 것은 인정하지 않으려는 배타적인 태도(Not Invented Here)*가 있다. 아이디어는 자신들의 것일 때 더 좋아 보인다.

세계적인 혁신 전문가인 데니스 셔우드(Dennis Sherwood)는 이러한 부정적인 반응을 '너무 성급한 평가(premature evaluation)'라고 하였다. 그리고 이러한 현상은 지배적인 남성과 젊은이들에게서 많이 나타나는 특정적인 문제라고 하였다.

평가도 중요하지만, 너무 성급한 평가로 다른 사람의 창의성의 불꽃이 꺼지게 해서는 안 된다. 이것 또한 새로운 가능성을 찾는 것을 방해하는 것이다.

새로운 아이디어를 들을 때마다 그것에 대해 생각하는 시간을 가지고 장점을 찾는 법을 배워야 한다.

---

* NIH(Not Invented Here)는 "여기서 개발한 것이 아니다"라는 의미로, 직접 개발하지 않은 기술이나 연구 성과는 인정하지 않는 배타적 조직 문화 또는 태도를 말한다.

불평을 **문제**로 바꾸기

Turning whines into problems

아무리 긍정적인 사람이라도 불만이 폭발할 때가 있다. "왜 주차할 공간이 없는 거야?", "왜 TV에는 이렇게 광고가 많은 거야?", "왜 집은 항상 이렇게 더러운 거야?" 그러나 당신이 좀 더 나은 상태로의 변화를 원한다면 불평을 늘어놓을 것이 아니라 그 문제에 관해서 무엇인가를 해야 한다.

불평과 문제의 차이점

당신은 불평(complaint)과 문제(problem)의 차이를 알아야 한다. 불평은 일반적으로 제어할 수 없는 어떤 것에 대한 투덜거림이다. 이것은 개선의 필요성은 느끼지만 개선할 생각은 없는 것을 말한다. 실제로 사람들은 스스로 상황을 개선하려는 생각이 없을 때 다른 사람을 탓하거나 징징거리면서 불평을 쏟아낸다.

반면에, 문제란 당신이 영향을 주고 개선을 할 수 있는 상황을 말한다. 여기서 더 중요하고 복잡한 점은, 당신이 '개선할 수 없는 불평'을 '개선할 수 있는 문제'로 바꿀 수 있어야 한다는 것이다.

접근 방식 변경하기

창의력을 향상시키기 위한 중요한 한 가지 단계는 리프레임(reframe, 재구성)을 하는 것이다. 이것은 인생의 도전을 바라보는 시각과 관점을 바꾸는 것이다. 비생산적인 불평이나 징징거림을 진정으로 열정을 기울일 수 있는 문제로 바꾸어야 한다.

다음으로, 난관에 부딪혔을 때 당신이 하는 반응을 검토해보아야 한다. "이건 불공평해!", "그 사람 잘못이야!"라고 말하면서 다른 사람을 탓하지는 않는가? 또 "아무 성과도 낼 수 없을 거야!"라고 단정 짓지는 않는가? 만일 그렇다면 대신에, '어떻게?'라는 질문으로 접근 방식을 바꾸어보라. 아래의 표는 몇 가지 예를 보여준다.

불평	문제
"왜 그들은 이 시끄러운 복사기를 고치지 않지?"	"복사기 책임자가 누군지 어떻게 알 수 있을까?"
"이 교차로에서는 왜 항상 차가 막히는 거야!"	"목적지에 도착하는 또 다른 방법이 있지 않을까?"
"여기 음식은 왜 이리 형편없어?"	"어떻게 하면 요리사를 설득하여 맛있는 음식을 먹을 수 있을까?(또는 내일은 간식을 싸오면 어떨까?)"
"아내/남편/파트너는 왜 나를 이해 못 하지?"	"어떻게 하면 그/그녀의 관점에서 볼 수 있을까?" "그/그녀가 다르게 반응하도록 하려면 내가 어떻게 행동을 바꾸면 될까?"

여기서 중요한 것은 당신의 상황에 대해서 책임을 져야한다는 것이다. "왜 그들은 아무 일도 하지 않는가?", "내가 할 수 있는 일은 무엇인가?"라고 스스로 질문을 해보고 답을 찾아봐야 한다. 이러한 연습은 당신의 진짜 동기에 대해 깊이 파고드는 데 도움이 된다.

당신이 해결하고자 하는 문제 때문에 당신은 정말로 고통을 받고 있는가? 아니면 아무것도 안하는 것에 대한 핑계를 대기 위한 단순한 행동인가? 그래서 당신의 책임을 회피하기 위한 것은 아닌가? 상황에 접근하는 당신의 사고방식을 다시 한 번 찬찬히 살펴보고 문제에 접근하는 방식을 바꾸어보아라.

전문가의 시각에서 벗어나기

Beyond the expert view

세상은 전문가를 필요로 한다. DNA를 해석할 수 있는 과학자나 세금 문제를 관리해주는 변호사 없이 살 수는 없다. 그러나 전문가로서의 자신을 보는 것은 틀을 깨는 생각을 멈추게 할 수 있다. 신선한 안목은 새로운 아이디어를 찾는 데 도움이 된다.

전문가를 닮지 마라

나는 전문가에 대해서 약간 냉소적인 정의를 가지고 있다. 전문가는 새로운 아이디어가 타당하지 않는 모든 이유를 잘 알고 있다. 그래서 다음과 같은 잘못된 말을 남기기도 한다.

"배우가 말하는 걸 들으려는 사람이 얼마나 있겠어?"
 —H.M. 워너(Warner), 1927.

"기타 그룹은 한물 갔어."
 —데카 레코드 사가 1962년 비틀즈를 돌려보내며.

당신은 와인이나 정원 또는 그 밖의 당신의 특별한 지식을 이야기할 때 전문가 모드로 변하는가? 어떻게 다른 사람에게 당신의 지식을 입증해 보이는가?

당신은 자신의 아이디어를 설명하기 위해서 대부분의 시간 동안 다음과 같이 언급할 것이다. "그건 이러한 이유 때문에 되지 않을 것이다.", "그들은 1986년에 시도해보았다." 이처럼 전문 지식을 보여줌으로써 당신의 자존심을 높일 수는 있겠지만, 그것은 또한 아이디어를 죽이는 확실한 방법이기도 하다.

그리고 더 어린아이처럼 생각하라

어른들은 종종 그들의 진짜 생각보다는 그들이 하고자 하는 생각이나 말 자체에 지나치게 걱정을 하는 경향이 있다. 어린아이들은 자신들의 생각을 거짓 없이 이야기하고, 자신들을 흥분하게 만드는 새로운 일에 에너지를 쏟는다.

누군가는 인생을 3단계로 나누어 이야기하였다.

- **0~4세는 '왜 안 돼?'**의 단계이다.
- **5~11세는 '왜?'**의 단계이다.
- **12세 이후부터는 '왜냐하면'**의 단계이다.

교육 시스템과 학창 시절의 압박은 흥미로운 것보다는 올바른 대답을 찾는 순응적이고 합리적인 사람으로 만든다. 그로 인해 우리는 앞서 이야기한 전문가와 비슷한 사람이 되고 마는 것이다.
　더 창의적인 사람이 되기 위해서는 어린 시절의 행동의 일부를 되찾아야 한다. 그것은 '유치함(childish)'이 아니라 '아이 같은 것(child-like)'을 말하는 것이다. 아이스크림을 사 달라고 징징거리거나 누군가가 넘어졌을 때 깔깔거리는 것을 의미하는 것이 아니다. 아이와 같은 사고방식이란 '왜?'와 '왜 안 돼?'와 같은 중요한 질문을 던지게 하는, 세계에 대한 호기심과 놀라움을 말하는 것이다. 이러한 생각 습관이 당신을 창의적인 사람으로 만든다. 마주하는 모든 문제에 끊임없이 '왜?'와 '왜 안 돼?'를 던져라.

> **모든 전문가는 선문가가 아니리는 말과 같다.**
> For every expert there is an equal and opposite expert.
> – 작자 미상(Anonymous)

'만약에?' 게임

The "What if?" game

가장 창조적인 단어의 쌍은 아마 '왜 안 돼?'와 '만약에?'일 것이다. 이 두 단어가 당신의 상상력을 열고 새로운 세계로의 탐험을 이끌 것이다. 혼자서 또는 동료와 함께 '만약에(What if?)' 게임을 통해 상상력을 발휘할 수 있을 것이다.

말도 안 되는 생각

'만약에?' 게임은 우리가 알고 있는 세상에서 일어나지 않았거나 할 수 없는 것부터 시작한다. 예를 들면 "당신에게 태엽 장치 TV가 있는데, 그것을 사용하기 전에 태엽을 돌려야 한다면?"과 같은 질문이다. "무슨 말도 안 되는 생각이야!"라고 소리칠 것이다. 하지만 그것이 바로 요점이다. 새로운 아이디어는 우리가 그것을 통해 생각하기 전까지는 종종 터무니없는 것처럼 보인다.

그래서 '태엽 TV'는 분명 골칫거리일 것이다. 당신은 계속해서 태엽을 돌려야 할 것이고, 드라마의 중요한 순간에 힘이 빠질 수도 있다. 그리고 태엽을 계속 유지하려면 매우 피곤할 수도 있을 것이다.

 반면에, 당신은 TV 프로그램을 좀 더 선택적으로 시청할 것이다. 그렇다면 운동용 자전거와 TV의 전원을 연결하면 어떨까? 많은 사람들이 헬스클럽에 가서 비용을 지불하지만 당신은 공짜로 운동을 할 수 있다. 당신이 소파에 앉아 감자칩을 먹으면서 TV를 보는 시간을 줄여 줄 것이다. 그래서 이것은 TV 세대인 당신의 아이들에 대한 해답은 되지 않을까?

 태엽 TV의 아이디어는 비현실적인 측면도 있지만, 이러한 모든 이점들 때문에 말도 안 되는 것이라고 단정 짓기는 어렵다. 사실, 우리는 이미 '태엽 라디오'를 가지고 있다. 영국의 발명가인 트레버 베일리스(Trevor Baylis)는 통신 기술이 부족한 아프리카에 AIDS 계몽 교육을 할 수 있도록 배터리가 필요 없는 태엽 라디오를 발명하였다. 이 발명품은 실제로 아프리카 지역의 AIDS 확산 방지에 큰 공을 세웠으며, 최근 몇십 년 동안 이룬 가장 성공적인 혁신 중의 하나가 되었다. 그는 이렇게 말하였다.

 "성공의 열쇠는 관습적인 사고를 따르지 않는 시도를 감행하는 데 있다. 관습은 발전의 적이다."

새로운 아이디어를 가진 사람은 그 아이디어가 성공하기 전까지는 괴짜이다.
A man with a new idea is a crank until the idea succeeds.
- 마크 트웨인(Mark Twain, 1835~1910)

'만약에' 게임 하는 법

　스스로 '만약에' 게임의 예제를 정하고, 그것을 마음대로 특이하게 혹은 환상적으로 만들 수 있다. 다음은 몇 가지 예이다. 당신은 아무리 터무니 없는 것이라 할지라도 예상되는 좋은 결과를 적어도 세 가지 이상을 생각하여야 한다.

✻ ✻ ✻

- 당신이 컴퓨터를 먹을 수 있다면?

✻

- 당신이 아이를 갖기 위해서는 연예인 훈련을 받아야 한다면?

✻

- 영화비가 비닐봉지 가격만큼 싸다면?

✻

- 당신의 시급이 매 시간마다 계좌에 입금된다면?

✻

- 만약 식당에서 식사를 하면 대가로 식당 주인이 돈을 준다면?

✻

- 하늘이 녹색이라면?

아이디어를 위한 적절한 **시간과 장소**

Right time, right place

당신의 능력을 향상시키고 상상력을 키우고 싶다면 올바른 주제뿐만 아니라 올바른 설정이 필요하다. 올바른 설정은 별도의 시간 계획을 짜는 데 도움이 된다. 하지만 아이디어는 항상 시간표대로 되는 것은 아니라는 것을 명심해야 한다. 아이디어는 창의적인 분위기가 일어날 때 실행할 준비가 되는 것이다. 창의적인 분위기는 스스로 의도적으로 만들 수 있다.

창의적인 분위기 만들기

왜 주말 동안 머리에서 맴돌던 아이디어와 프로젝트, 흥분되는 창의적인 일들이 월요일 아침이 되면 모두 사라져버리는 것일까?

일에 집중하는 정신력, 즉 멘탈 에너지(mental energy)가 흔들리는 것은 아래의 세 가지 요소 때문이다.

- **주변 사람** – 당신의 마음가짐은 당신과 당신 아이디어에 대한 주변 사람들의 관심과 기대, 혹은 그들이 당신의 자신감을 저해하는지의 여부에 따라 영향을 받는다.
- **장소** – 상사의 사무실은 위협적일 수 있지만, 사람이 가득한 술집이나 미술관 같은 곳은 활기가 넘치게 한다.
- **주제** – 당신이 매료되었거나 충분히 알고 있는 것이라면, 그것에 대해 많은 아이디어와 의견을 가지게 될 것이다. 하지만 당신이 모르는 것이거나 독창적이지 않은 것에 대해서는 그 반대의 결과를 보여준다.

당신의 아이디어를 표현할 수 있도록 자신감을 주는 주변 사람을 가까이 하라. 영감을 느낄 수 있는 장소를 선택하라. 그리고 주제가 당신의 열정을 채우지 못한다면 더 흥미로운 것을 만들 수 있는 방법을 찾아보아라(4장 참조).

별도의 시간 설정하기

창의적인 기술이나 프로젝트에 대한 작업을 하려는 경우, 계획을 세우고 그것에 충실해야 한다. 1~2주 전에 날짜와 시간의 양을 설정한다. 구체적인 것에 집중하고, 더 중요한 것을 떠올릴 수 있도록 당신의 성취 과제를 항상 마음속에 새겨두어라.

다음 단계는 당신의 계획을 유지하는 데 도움이 될 것이다.

할당한 시간이 현실적으로 가능한가?

하루를 전부 할당한다면, 일상생활을 방해하는 많은 시간 때문에 부담감을 느낄 수 있다. 그러나 10분만 할당한다면 회피할 이유가 없다. 만약 당신의 스케줄에서 10분을 할애할 수 없다면, 당신의 생활방식을 점검해보거나 동기 유발을 다시 살펴보아야 한다.

산만함을 피하라

다른 사람의 요구가 당신이 설정한 창의적인 시간을 빼앗을 수 있다. 이와 같은 지엽적인 위험 요소를 줄이기 위해서, 당신은 어디에서라도 창의적인 활동을 중단하지 않고 계속할 수 있도록 계획을 세워야 한다. 그것의 중요함을 당신과 다른 사람이 알 수 있도록 스케줄 표에 두꺼운 빨간색 펜으로 표시해두어라.

돈을 쓰라

타임아웃(창의적인 활동을 하기 위한 중간 휴식)에 전념하는 가장 좋은 길은 그것에 비용을 지불하는 것이다. 무료인 경우는 취소하기가 쉽다. 하지만 만약 티켓이나 객실 예약, 전문가와의 상담에 적은 돈이라도 비용을 지불했다면 그것을 쉽게 취소할 수는 없을 것이다.

자신감 구축하기

Building confidence

새로운 도전에 직면했을 때, 그것이 만약 이전에 사용하지 않은 기술과 재능을 요구하는 것이라면, 자신감을 높이는 것이 무엇보다 중요하다. 충분하지 않다는 생각이나, 일을 지지부진하게 만들고 심지어 시작도 하기 전에 포기하게 만드는 두려움이나 소심함을 가져서는 안 된다.

작게 시작하라

최고의 야망이 무엇이든 간에, 그것을 해결하는 가장 좋은 방법은 작거나 간단한 작업부터 시작하는 것이다. 종종 큰 규모의 일은 모든 것을 이루게 할 것처럼 보이지만 이것은 불가능하다. 만약 당신이 이런 경우라면 도전을 이루기 위하여 작은 단계부터 시작하라.

아니면 쉽게 달성할 수 있다고 느끼는(많은 시간이나 계획, 영감이 필요하지 않는) 목표부터 시작하라. 예를 들어 창의적인 글쓰기를 원할 경우, 당신의 첫 소설을 쓰는 것은 아마 좋은 생각이 아닐 것이다. 많은 시간과 노력이 필요한 그 일은 당신이 가지고 있는 탄력성에 확신이 있어야 한다. 그에 비해 일기는 훨씬 쉽게 시작할 수 있다.

이 단계에서 당신의 아이디어가 얼마나 독창적인가에 대해서는 신경 쓰지 마라. 그냥 작은 도전과 성공을 경험함으로써 마음먹은 것을 이룰 수 있다는 것을 자신에게 증명해 보이는 것으로 충분하다.

첫 번째 단계를 실행하라

개발하고자 하는 기술이나 아이디어에 따라 설정할 수 있는 작은 창의적인 과제는 많이 있다. 아래 목록은 몇 가지 일반적인 창의적 과제를 보여주고, 어떻게 이를 단계별로 쉽게 이룰 수 있는지를 보여준다.

자서전 쓰기

휴가, 한 해, 특별한 행사 등 당신의 인생 에피소드 앨범을 만드는 것부터 시작한다. 삶 전체의 이야기와 사진을 정리한다는 것은 시작조차 할 수 없을 정도로 광범위하기에 당신에게 겁을 줄 수 있다. 그러나 특정한 기간을 선택한다면 당신이 감당할 수 있는 과제가 주어질 것이다.

창의적인 요리사 되기

TV에서 본 적이 있는 빠르게 만들 수 있는 특별한 음식을 만들어 본다. 일반적인 재료로 만들 수 있는 음식을 선택하라.

오래된 집 새로 꾸미기

적은 노력으로 상대적으로 큰 변화를 줄 수 있는 작은 방부터 시작한다.(페인트칠은 이런 점에서 효과적이다.)

지역 커뮤니티나 정치에 참여하기

관심이나 문젯거리에 대해 지역 신문이나 커뮤니티 웹사이트에 메일을 보낸다. 간단하게 쓰면 된다. 때로는 짧은 글이 영향력이 있다.

이러한 간단한 과제들은 더 큰 일을 이룰 수 있는 자신감을 주어, 당신이 당신의 틀을 부수고 밖으로 나올 수 있게 도와줄 것이다.

모방하기

창의성을 이끌어내는 것은 쉽다. 사람들은 일반적으로 자신의 아이디어가 어디서 나왔는지 알고 있다. 그래서 '아하!'와 같은 순간을 느끼지 않을 수도 있다. 아이디어가 순간적으로 떠오르면 좋겠지만, 그렇지 않다 하더라도 인공적인 장치의 도움으로 가능하다.

창의성이 재능에서 온다고 믿는 사람들은 창의성을 발휘하기 위하여 어떤 기술을 사용할 수 있다는 것을 받아들이지 않는다. 그들은 창의성은 기술적인 훈련으로 되는 것이 아니라고 말한다.

한번은 그림 그리기에 절망적으로 소질이 없다고 주장하는 사람들과의 모임에서 이러한 일이 있었다. 나는 그들에게 얼굴 사진을 거꾸로 놓고 그대로 얼굴을 그리는 기술을 보여주었다. 한 사람을 제외하고는 거의 모든 사람들이 결과에 감동하였다. 결과에 만족하지 못한 한 사람은 자신이 보이는 대로 그리지 않았기 때문에 잘못된 결과가 나왔다고 하였다.

전문적 화가들 또한 사진을 본떠 그리거나 컴퓨터 소프트웨어를 사용하여 그림을 그리는 트릭을 사용한다. 처음에는 이러한 인공적인 도구들의 도움을 받은 아이디어는 전혀 창의적이지 않아 보이지만, 작업을 더해 갈수록 더욱 더 자연스러워지고 상상력을 발휘하게 되어 창의적인 작품이 탄생하는 것이다.

카메라 옵스큐라(camera obscura)

예술가들은 수세기 동안 트릭을 사용하였다. 소문에 의하면 레오나르도 다빈치(Leonardo da Vinci), 베르메르(Vermeer), 카날레토(Canaletto)는 그림을 그리기 위한 보조 장치로 카메라 옵스큐라를 사용하였다고 한다.

카메라 옵스큐라는 어두운 상자나 방에 작은 구멍을 내고 빛을 끌여들이는 장치이다. 빛은 구멍의 반대쪽에 있는 벽이나 막에 이미지를 거꾸로 투영하게 된다. 이 상이 찍히는 측면을 불투명 유리로 만들어 여기에 종이를 대고, 연필로 베끼면 실상(實像)을 그대로 그릴 수 있었나. 18~19세기에는 회화의 보조 수단으로 화가들이 필수적으로 구비하는 도구가 되었다. 하지만 이런 카메라 옵스큐라와 같은 인공적인 도구를 사용하였다 하더라도, 화가들의 전반적인 실력은 줄어들지 않았다.

일단, 해봐!

Just do it!

아무것도 없는 빈 종이보다 위협적인 건 없다. 당신의 도전이 휴가 장소를 정하는 것이든 아니면 더 야망적인 무엇이든 간에 몇 분 혹은 몇 시간은 고통스러울 수 있다. 작가들은 이것을 '글 막힘(writer's block)'이라고 한다. 자, 그러면 당신은 어떻게 시작하겠는가?

완벽한 것은 없다

많은 예술가와 작가, 작곡가들은 당신에게 같은 말을 할 것이다.

"일단, 어디서든지 시작하라!"

첫 번째 시도에서 좋은 결과를 맺지 못하더라도 걱정하지 마라. 단지 종이에 하찮은 메모 같은 것을 적어두는 단순한 행위가 일을 추진하는 윤활유가 된다. 별거 아닌 것 같지만 이것은 한 사람의 창의적 사고이다. 아이디어의 가치 여부를 따지지 말고 모두 써두어라.

가끔은 좋은 무언가를 만들 수 있는 유일한 방법은 먼저 나쁜 무언가를 만드는 것이다. 한번은 보고서를 받을 때 악평을 하기로 소문난 상사와 일을 한 적이 있다. 우리는 오직 상사 자신만의 생각에 맞도록 빨간색으로 수정 지시가 내려온 보고서를 고치느라 시간을 다 보냈다. 처음에 우리는 이렇게 하는 것이 시간 낭비라고 생각했다. 그러나 그 다음에 이러한 일련의 작업들이 상사의 생각에 촉매 역할을 한다는 것을 알게 되었다.

같은 원칙을 당신의 일에도 적용할 수 있다. 초안을 쓰고 지우고 한 일이 마침내 그것을 던져버리게 되었을 때는 그동안의 일이 결코 시간 낭비가 아니었음을 알게 할 것이다. 단순히 종이에 아이디어를 적는 것에 불과한 이러한 행위가 생각을 개발하기 위한 시작이다.

처음부터 완벽한 것은 없다. 작은 생각의 끄트머리 혹은 아무것도 아닌 것 같은 낙서라도 적어보라. 일단, 저질러보라. 그래야 무언가를 했다는 것이며, 이룰 수 있다.

> **준비, 발사, 조준!**
> Ready, Fire, Aim!
> – 초콜릿 제조업체 캐드버리 사의 어느 이사(톰 피터스의 이론을 인용하며)

 **창의적 활동을 시작하는 방법**

여기 시작하는 방법에 대한 몇 가지 팁이 있다. 이것은 첫 번째 영감을 기다리는 동안 시간을 아끼는 데 도움을 줄 것이다.

✱ ✱ ✱

- 쉬운 것부터 시작하라.

✱

- 끝에서 시작하라. 마지막 장, 선물과 함께 보낼 카드, 상을 받았을 때 감사 연설 등 마지막을 먼저 떠올려보라.

✱

- 창의적인 활동에 대해서는 걱정하지 말고 작은 일부터 시작하라. 스크랩 자료를 모으고, 필요한 도구를 사고, 참고 도서를 수집하라.

✱

- 창의적인 사고를 할 수 있는 장소를 준비하라.

✱

- 어떤 것이라도 심지어 끄적거려 놓은 낙서라도 페이지에 표시를 해두어라. 그것은 당신이 텅 빈 종이의 상태를 넘어서 발전하고 있다는 작은 몸짓이다.

✱

- 친구에게 전화를 걸어 무작정 당신의 시작에 대해, 어떤 부분이 어려운지, 어떻게 그 문제를 극복할 것인지에 대해서 말해보라. 당신도 모르는 사이에 전화를 한다는 행위 자체가 당신의 시작에 큰 힘이 될 것이다.

기회 포착하기

자신에게 불리하거나 우승 확률이 낮은 경쟁에 참여하게 되었을 때 사람들은 "어차피 안 될 텐데, 뭐"라는 자포자기 심정을 갖기 마련이다. 만약 모든 사람들이 이와 같다면 로또 당첨, 올림픽 금메달, 혹은 성공적인 소설가는 존재하지 않았을 것이다. 목표(우승이나 상금)가 아무리 멀게 느껴지더라도 그에 대한 기대와 전망이 우리를 앞으로 나아가게 한다. 하지만 그것이 전부는 아니다. 종종 과정은 성과와 맞먹는 보람을 느낄 수 있게 한다.

나는 출판을 거부당하고 오직 소설 쓰는 데에만 몇 달을 보낸 두 사람을 알고 있다. 첫 번째 소설을 출판하려면 종종 100:1의 경쟁률을 뚫어야 한다는 것은 놀라운 일이 아니다. 그렇지만 내 친구인 그 둘은 자신의 책을 위해 자료를 조사하고 습작을 하면서 보낸 시간을 후회하지 않았다. 왜냐하면 그들은 많은 창조적인 도전과 자극을 받았기 때문이다. 결국 그들은 둘 다 소설을 출판하는 기회를 잡았다.

이기려면 그 안에 있어야 한다

"이기려면 그 안에 있어야 한다(복권에 당첨되려면 복권을 사야 한다)"라는 영국 복권의 슬로건과 같이, 또는 버지니아 주의 "운명은 아무도 모른다"와 같이 미국의 복권은 기회를 주는 혜택을 강조하면서 고객들을 유혹한다. 이 슬로건은 복권 당첨의 기회가 희박함에도 불구하고 설득력이 있어 보인다. 나는 복권 옹호론자는 아니지만, 이런 슬로건들은 어떤 창의적인 프로젝트에 따르도록 자극을 줄 수 있다고 생각한다.

3장
틀을 깨는 기발한 생각들

'수평적 사고(Lateral thinking)'라는 용어는 1960년에 에드워드 드 보노(Edward de Bono)에 의해 처음 사용되어 옥스포드 사전에도 등재되어 있다.

그럼 수평적 사고란 무엇인가? 그것은 창의적 사고와 같은 뜻인가?

수평적이라는 용어는 '수평(옆으로)으로 펼쳐 보인다'라고 해석할 수 있다. 그것은 문제를 넓게 펼쳐 보이면서 다른 측면에서 생각하고 분석하는 방식이다. 상상력을 발휘하여 새로운 방식으로 사고함으로써 문제 해결을 시도하는 것이다.

보노 박사는 '수직적 사고(Vertical thinking)'가 현상을 냉정하게 관찰하면서 면밀히 검토하여 논리적으로 생각하는 것인데 반해, 수평적 사고는 얼핏 봐서는 이상하고 산만해보일 정도로 이 아이디어에서 저 아이디어로 이리저리 왔다갔다하면서 기웃거리는 사고방식이라고 하였다. 박사는 이 수평적 사고가 수직적 사고를 보완한다고 하였다.

다음은 창의적 사고와 수평적 사고를 구분하는 말이다.

- **창의적 사고**(Creative thinking)는 당신이 안고 있는 문제에 대해서 새롭고 참신한 아이디어를 떠올리는 것을 말한다.

- **수평적 사고**(Lateral thinking)는 당신이 안고 있는 문제로부터 완전히 다른 질문을 이끌어내는 것을 말한다.

이 장에서는 해결될 것 같지 않은 어려움에 부딪혔을 때 특별한 도움을 줄 수 있는 수평적 사고의 기술을 보여준다. 당신은 다른 관점에서 문제를 볼 수 있는 방법을 발견하거나, 다른 형태로 정의를 하거나 또는 모든 문제를 우회하여 해결하는 방법을 배울 것이다.

다른 질문에서 해결책 찾기

Answering a different question

당신이 감당하기 어렵거나 곤란한 문제 또는 해결을 위해서 돈이 많이 드는 문제와 맞닥뜨렸다면 수평적 사고를 사용해보라. 먼저, 질문의 형태 안에서 문제를 보라. 그리고 실제로 올바르게 질문을 하였는지 아니면 해답이 가능한 다른 질문으로 문제를 다시 구성할 수 있는지를 숙고해보아라.

문제를 사라지게 하다!

고층 건물에 본사가 있는 한 회사가 있었다. 불행하게도 이 건물은 엘리베이터가 너무 느려 직원들은 오래 기다려야 하는 것에 대해 불평을 늘어놓기 시작했다. 그러자 다음날 빌딩 관리자가 확실한 해결책을 내놓았다. 엘리베이터 밖에 거울을 설치한 것이다. 엘리베이터의 속도와 거울이 무슨 상관이지? 하지만 놀랍게도 문제는 바로 해결되었다.

왜 그럴까? 주위를 서성거리며 엘리베이터를 기다리던 직원들이 이제는 거울을 보면서 넥타이를 만지고, 화장을 고치는 등 자신들의 모습을 단장하면서 시간을 보냈다. 기다리는 시간이 지루하지 않자 그들의 불평은 사라졌다.

막다른 골목에서 우회하기

위의 이야기는 종종 수평적 사고의 예로 인용된다. 원래의 문제인 "어떻게 하면 엘리베이터를 빠르게 할 수 있을까?"는 해결되지 않았다. 대신에 빌딩 관리자는 "어떻게 하면 기다리는 사람들을 붙잡아 둘 수 있을까?" 하는 다른 문제를 해결하였다.

당신 삶의 모든 영역에서, 당신이 접한 어떤 문제라도 이처럼 **다른 질문에서 해결책 찾기의 원칙**을 적용할 수 있다. 예를 들어, "어떻게 하면 올해 비용을 절감할 수 있을까?"와 같은 업무와 관련된 골치 아픈 문제에 직면하였다면, 대신 "어떻게 하면 수익을 증대할 수 있을까?"와 같은 수평적 사고로 문제를 재구성할 수 있다.

당신은 또한 일상생활에서 수평적 사고를 할 수 있다. 최근에 나는 이웃의 빈집 정원에 있는 나무 하나가 우리 집 정원에 빛을 가리는 문제를 접하게 되었다. 나의 문제는 가지치기를 하기 위해 빈집에 들어갈 수 있도록 찾기 힘든 집주인과 연락을 하는 것이었다. 문제의 해결은 이웃집 나무의 가지를 조금만 자르면 되는 것이었다. 그렇다면 "우리 정원에서 사다리를 이용해 이웃집의 나무에 접근할 수 있지 않을까?" 하는 생각이 떠올랐다. 나는 원래의 문제를 해결할 필요 없이 그것을 우회하여 완전히 해결할 수 있었다.

'어떻게 하면' 기술

이 기술은 힘든 문제에 대해 새로운 빛을 던져주고, 다른 해답을 가져오는 데 도움을 준다. 당신은 문제를 재정의하고, 새로운 아이디어를 얻어, 확실한 해결책을 찾을 수 있다. 아직 원래의 문제를 해결해야 된다는 생각에 갇혀 있는 사람들에게는 기발하게 보일 것이다.

- '어떻게…'의 형태로 기본적인 문제를 언급하는 것부터 시작하라.

- "왜 이것이 문제인가?"와 "해결의 걸림돌은 무엇인가?"라는 두 가지 질문을 해보라.

- 이러한 질문에 대한 답변은 관련된 문제를 드러내 보이게 하고, 상황에 따른 '어떻게 하면?'(How to) 목록을 작성할 수 있게 한다. 엘리베이터의 예에서 '어떻게 하면?'의 표현을 대신할 수 있는 것은 다음과 같다. "어떻게 하면 엘리베이터에 대한 불평을 해결할 수 있을까?", "엘리베이터를 교체하는 동안 건물을 오르내릴 수 있는 다른 방법은 무엇인가?", "어떻게 하면 회의를 할 때 엘리베이터를 사용하는 필요성을 느끼지 않게 할 수 있을까?"

- 각각의 '어떻게 하면?' 목록에서 그것을 해결할 수 있는 방법을 생각해보라.

어린아이의 눈으로 보기

A child's-eye view

아이들은 사람을 창의적이게 만드는 것 중의 하나인 '세상에 대한 신선한 관점'을 가지고 있다. 어떤 복잡한 상황에 대해 새로운 접근 방식을 찾고 있다면, 그것을 어떻게 어린아이들에게 설명할 것인지를 생각해보아라. "그것을 설명하기 위해 어떤 사진을 이용할 수 있을까?", "어떻게 설명하면 아이들이 이해할 수 있을까?", "문제를 이야기 형식으로 바꾸어 설명할 수 없을까?"

최고의 상담가

나는 가끔 고위 임원들을 교육하면서, 그들이 마주쳤던 가장 창의적인 사람들 중의 일부에 대해서 이야기를 한다. 나는 이렇게 말한다.

"제가 말씀드리는 이 상담가들은 상상력이 풍부하고, 탐구와 실험에 대한 끊임없는 욕망을 가지고 있으며, 세계의 문제를 해결하기 위해 자신들의 과격한 아이디어를 제공하는 데 있어서 조금의 거리낌도 없습니다."

그리고 상담가들은 방으로 들어온다. 물론, 그들은 일곱 살짜리 아이들이다. 각자의 임원들은 그들의 직업과 해결하고자 하는 문제를 아이들에게 이야기한다. 그러면 아이들은 문제 해결에 관한 그림을 그려 보이면서 아이디어를 제공한다.

아이들의 생각은 순진하고 단순해보이지만, 그들에게 가장 많은 영향(충격)을 준 것이 무엇인지를 정확하게 보여준다. 그것을 통해 우리는 무엇이 중요한지를 알 수 있게 된다. 때로는 어른들이 볼 수 없거나 꺼려하는 것을 아이들은 지적해준다.

무엇보다 중요한 것은, 아이들에게는 소용없는, 복잡한 어른들 세상의 전문용어에 있다. 계획을 되돌려 보아야 한다면, 용어를 간단하게 하는 것이 마음을 정리하는 데 도움이 된다. 그리고 그것을 통해 갑자기 진짜 문제가 떠오를 수 있다.

문제를 최대한 간단하게 만들어보라. 그러면 답이 보일 것이다.

삶은 정말 단순하다. 우리가 그것을 복잡하게 만들 뿐이다.
Life is really simple, but we insist on making it complicated.
– 공자(Confucius, 551~479BC)

문제를 단순하게 만들기

    조언을 구할 아이가 없는 경우 다음 방법을 시도해보라. 당신이 그 본질에 도달할 수 있도록 문제를 단순화시키는 방법이다.

✽ ✽ ✽

- 짧은 문장으로 문제를 적어본다. 그리고 10개 이하의 단어로 문장을 줄여본다. 이제 세 단어로 줄여본다. 궁극적으로는 한 단어로 문제를 줄이는 것이다.

✽

- 완전히 문외한인 사람에게 문제를 설명한다. 그런 다음 그들에게 문제를 다시 당신한테 설명해보라고 한다. 그들의 설명은 간단해지기 마련이다. 만약 그들이 잘못되었다면, 잘못된 부분을 이야기해주고 다시 설명해보라고 한다.

✽

- 도표나 그림으로 문제를 그린다. 또는 웹사이트나 잡지에서 이미지를 잘라내어 붙여넣기를 한다. 다섯 단어가 넘지 않는 라벨이나 주석을 덧붙인다. 그림은 매우 간결한 방법으로 복잡한 아이디어를 전달할 수 있다.

✽

- 문제에 초점을 맞추지 마라. 해결책을 찾았다는 것을 상상하고, 그것을 10개 단어로 명시해보아라. 일단 해답을 찾게 되면 문제를 명확하게 정의하는 것이 한결 쉬워질 것이다.

간단한 **질문들**

Simple questions

이전 섹션에서는 세상에 대한 아이들의 반응을 살펴보았다. 그들이 즐겨 하는 반응 중 하나는 '왜?'였다. 종종 그들은 이것을 계속해서 반복하기를 좋아한다. 동일한 작업은 수평적 사고의 영감을 준다. '왜?'와 '무엇?'과 같은 아주 기본적인 질문은 당신의 아이디어를 확대하고 개선하는 데 도움을 준다.

나는 여섯 명의 정직한 하인이 있다

(내가 아는 모든 것을 이들에게 배웠다.)

그들은 무엇, 왜, 언제, 어떻게, 어디, 그리고 누구이다.

— 러디어드 키플링(Rudyard Kipling, 1865~1936)

'왜?'라는 질문을 계속하라

'왜?'라는 질문은 한 번으로 국한되지 않는다. 문제의 근본에 도달하기 위하여 '왜?'라는 질문을 계속할 수 있다. **'왜? 왜?'의 기술**은 몇 년 동안 작업 현장에서 문제 해결을 위한 인기 있는 도구였다.

나는 우리가 얼마나 쉽게 문제의 작은 부분에서 꼼짝달싹 못하게 되는지를 보여주는 상황을 기억하고 있다. 마찬가지로 얼마나 쉽게 곤경으로부터 벗어날 수 있는지도.

    나는 교사들을 위한 학술회의를 개최한 단체의 일원으로 일한 적이 있었다. 우리는 개최 날짜를 정하려고 하였다. 회의는 부활절 무렵 금요일에서 월요일까지 개최하기로 결정되었다. 그러나 우리들 중 일부는 마지막 날에는 너무 적은 사람들이 참석할 것이라고 걱정을 하였다. 결국에는 해결책을 찾았지만, 만약 우리가 처음부터 '왜? 왜?'의 기술을 적용하여 시작하였다면 훨씬 더 일찍 찾을 수 있었을 것이다. 우리의 생각은 이런 순서로 진행되었다.

우리는 회의 최종일에 출석률을 높일 수 있는 방법을 찾아야 한다.

왜?

왜냐하면 우리가 연락한 대부분의 사람들이 그날에는 참석할 수 없기 때문이다.

왜?

왜냐하면 그날은 월요일이고, 교사들이 출근해야 하는 날이니까.

왜 월요일에 회의를 마쳐야 하는가?

왜냐하면 회의는 주말을 포함해 나흘 동안 열려야 하니까.

이 과정은 '왜냐하면'을 불러오는 아이디어로 몇 단계 더 계속할 수 있다. 사실 해결책은 "왜 월요일에 회의를 마쳐야 하는가?"라는 세 번째 '왜?'라는 질문을 한 다음에 찾았다. 우리는 '금요일~월요일'의 일정을 간단하게 '목요일~일요일'로 바꾸었다. 많은 틀을 깨는 해결책과 같이 이것은 행사를 마친 후에 당연한 사실로 받아들여졌다. 더불어 당신이 세세한 일에 초점을 맞출 때, 이러한 해결책은 영감처럼 번쩍거리면서 떠오른다.

누가, 무엇을, 어디서, 언제, 어떻게?

'왜?'라는 질문은 문제를 시작하는 방법이다. 5개의 다른 질문(누가, 무엇을, 어디서, 언제, 어떻게?)은 실질적인 측면에서 활용할 수 있다. 이것은 당신의 수평적인 사고를 불러일으키고, 문제에 대한 자세한 아이디어가 떠오르도록 해준다. 이 간단한 질문은 관련된 문제를 밖으로 끄집어내는 데 도움을 준다. 그리고 문제의 모든 측면을 분명히 말하는 이런 단순한 행위는 종종 문제를 다른 관점에서 볼 수 있게 한다.

다음은 이러한 것이 어떻게 문제의 특별한 측면을 드러내게 할 수 있는지를 보여주는, 질문의 유형에 따른 몇 가지 예이다.

이 예의 대부분에서 보듯이, 핵심 질문은 새로운 아이디어와 가능한 해결책을 제시하는 연관된 질문에서 쉽게 생길 수 있다.

누가	누가 문제의 일부인가? … 연관된 다른 사람은 없는가?
무엇을	무엇이 문제인가? 무엇이 행동을 제약하는가? … 없이 할 수 있는 일이나 아이디어는 무엇인가? 그밖에 할 수 있는 일은 무엇인가?
어디서	어디서 문제 해결을 해야 하는가? … 왜 다른 곳에서 하면 안 되는가?
언제	언제 해야 하는가? … 왜 지금 당장, 혹은 나중에 하지 않으면 안 되는가?
어떻게	어떻게 문제를 해결할 수 있는가? … 다른 방법은 없는가?

끝에서 시작하기

Starting at the end

우리 모두는 인생에서 되고 싶은 것 또는 하고 싶은 것에 대한 꿈을 가지고 있다. 그리고 창조적인 사람이 되길 원하는 이유의 일부는 이 꿈을 이루기 위해서이다. 이런 포부와 함께 시작하여 우리는 상상력에 불을 지필 수 있다.

성공을 상상하라

목표가 무엇이든 간에, 목표를 이룬 자신의 모습을 그려보라. 성공을 상상했으면 거기서부터 거꾸로 일을 되짚어 보라. 어떻게 당신이 거기에 도달했는지 자문해보라. 마지막 단계는 무엇인가? 그리고 그 전 단계는 무엇인가? 이렇게 일련의 과정을 거꾸로 추적하면 목표에 도달하는 계획을 세울 수 있다.

삶에 대한 이런 구상(concept)을 가지고 당신의 성공에 관해서 기자와 인터뷰를 하는 특정한 상황을 상상해볼 수도 있다. 기자는 다음과 같은 질문을 할 것이다.

- 프로젝트를 하면서 가장 재미있었던 것은 무엇이었나요?
- 목표를 달성했을 때 기분은 어땠나요?
- 사람들이 당신을 어떻게 말합니까?
- 어떻게 당신의 삶의 질이 나아졌나요?
- 이러한 성공을 가능하게 한 이유가 무엇이라고 생각하십니까?
- 당신이 직면했던 가장 큰 도전은 무엇이었습니까? 당신은 어떻게 그것을 성공적으로 해결하였습니까?
- 당신의 목표가 친구나 가족들을 힘들게 한 것은 무엇이었나요?

이 방법은 당신의 실제 우선순위가 무엇인지에 대해 새로운 통찰력을 제공한다. 이것은 문제 해결을 위해서 가장 중요한 것이다.

이렇게 당면하고 있는 문제에 대해서 인터뷰 리스트를 작성해보고, 그에 대한 답변을 적어보라. 그러면 문제 해결의 길이 서서히 보일 것이다.

당신의 **백일몽**에 귀 기울이기

Listening to your daydreams

헛된 공상은 마음을 혼란스럽게 한다. 그러나 창의적인 생각을 위해서는 지양할 것이 아니라 권장해야 할 좋은 것이다. 당신의 내면의 소리에 귀를 기울여라. '만약에…?', '…이면 좋을 텐데', '…을 할 수 있다면'과 같은 골똘한 생각들은 새로운 아이디어를 샘솟게 한다.

상상의 날개를 펴라

우리는 새로운 정보를 보거나 듣게 되었을 때, 딴생각을 하면서 상상의 날개를 펴게 된다. 뇌의 논리적 영역(좌뇌)은 사실 인지와 언어를 담당하는 데 반해, 직관적 영역(우뇌)은 주제의 중심에서 벗어나 의문을 제기하고 연관성을 찾는 일을 담당한다. 이 두 가지 프로세스는 문제 해결을 위한 지식과 아이디어를 제공해주는 필수 요소이다.

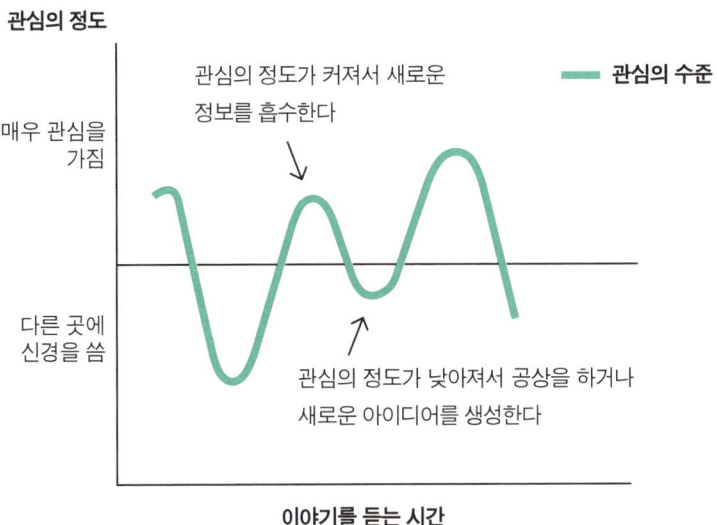

'좋겠어' 기술

'할 수 있다면 좋겠어(I wish)'라는 말은 모든 제약에서 잠시나마 당신을 자유롭게 해준다. 이 자유는 당신이 곤경에 처했을 때 벗어날 수 있는 간단한 방법을 제공한다. 소원을 말하듯이 어떤 문제에 부딪혔을 때 자신이 무엇을 할 수 있다는 것을 가정하여 아이디어를 펼쳐 보아라. 그러면 문제 해결을 위해서 필요한 것이 무엇인지 알게 될 것이다.

* * *

먼저 문제 혹은 목표를 정하고 시작한다. 친구에게 이야기한다고 상상하면서 당신 아이디어의 흐름을 살펴본다. 다음 질문에 따른 간단한 답변을 찾아본다.

- 무엇이 문제인가?
- 방해가 되는 것이 무엇인가?
- 내가 시도해 본 것은 무엇인가?

녹음기나 노트에 당신의 서술을 기록한다.

그리고 잠깐의 휴식을 갖고 기록한 내용을 읽거나 들어보라. 이렇게 마음의 흐름을 정리하고, '좋겠어'라는 각각의 상황에 따른 당신의 소망과 일어났으면 하는 일을 적어보라. 적어도 10개 이상의 '좋겠어'를 적어보라. 당신이 원하는 것은 무엇이든지, 심지어 불가능한 것이나 해결해야 할 문제 등도 가능하다.

당신의 문제에 대한 신선한 시각을 가지기 위한 출발점으로, 이런 **'좋겠어' 기술**을 사용하여라.

이러한 연습은 친구와 함께 하면 더욱 좋다. 한 사람은 문제를 설명하고 다른 사람은 그 사람의 '좋겠어'를 기록하면 된다.

비교와 대조하기

Comparing and contrasting

프랑스의 작가, 스탈 부인(Madame de Stal)은 이런 말을 한 적이 있다. "위트(Wit, 재치)는 서로 다른 사물의 비슷함을, 그리고 비슷해 보이는 사물의 다른 점을 아는 데 있다." 이러한 생각은 창의력에도 적용할 수 있다. 비교와 대조는 익숙한 상황에 대해 새로운 통찰력을 준다.

연관성을 찾아라

사람의 뇌는 자연스럽게 연관성을 찾게 된다. 이런 연관성 찾기는 연습을 통해 향상될 수 있다. 백과사전에서 연관성이 없어 보이는 두 단어를 선택한 후, 이들 사이에 얼마나 많은 연관성이 있는지를 찾아보라. 예를 들어 다음의 단어를 보자.

비타민(VITAMINS)   사진(PHOTOGRAPHS)

언뜻 보면 이 두 항목은 비슷한 점이나 연관성이 없어 보인다. 하지만 이렇게 생각해본다면……

- 두 단어 모두 'take(먹는, 찍는)' 동사와 연관이 있다.
- 그리고 사람들은 일반적으로 그들이 필요한 것보다 더 많이 'take' 하려고 한다.
- 그것을 만들기 위해서는 두 가지 모두 화학적인 과정을 필요로 한다.
- 둘 다 마트에서 판매한다.

당신은 연관성이 없는 다른 상황에 이런 사고방식을 적용하여 문제에 대한 새로운 접근 방법을 찾을 수 있다.

연관성 테스트하기

새로운 문제에 직면하였을 때, 그 상황이 전에 겪었던 어떤 것과도 공통점이 없다고 느껴지면 '연관성 짓기'를 해보아라.

*　*　*

먼저 해결하려는 문제를 간결하게 말한다. 예를 들어 다음과 같다. "어떻게 하면 아이가 집안일을 돕게 할 수 있을까?"

*

그리고 이 특정한 사안을 다음과 같은 일반적인 문제로 바꾼다. "어떻게 하면 아이들(사람들)이 하기 싫어하는 일을 하게 할 수 있을까?"

*

일반적인 상황이 일어난 다른 상황에 대해 생각해본다. 사람들이 원하지 않는 일을 하게 하는 것은 모든 유형의 상황에서 일어난다.

예를 들어, 피에 비위가 약한 사람에게 헌혈을 부탁한다거나, 운전자에게 제한속도를 유지하게 하는 일…….

*

이러한 문제가 어떻게 해결되는지, 그리고 해답을 당신의 상황에 어떻게 적용할 수 있는지를 생각해본다.

헌혈을 허락하도록 하기 위해서, 당신은 그것이 얼마나 좋은 일인지를 보여주거나 스스로 느끼게 할 수 있다. 아이들에게 정리 정돈은 물건을 쉽게 찾게 해주고, 그만큼 당신이 아이들과 놀아줄 수 있는 시간을 많이 갖게 된다고 말해줄 수 있다.

운전자가 천천히 운전하도록 하기 위해서는 제한속도를 정확하게 보여주는 방법이 있다. 마찬가지로 당신은 아이들 개개인이 해야 할 일(거실 청소, 빨래 개기 등)을 게시판으로 보여주고, 그것을 했을 때는 별 스티커를 붙여줄 수 있다.

다른 관점에서 보기

항상 똑같은 문제에 대해 끊임없이 부딪히는 자신을 발견한다면, 이번에는 무엇이 다른가 하고 자신에게 물어보라. 속담에도 있듯이 "늘 하던 일만 항상 한다면, 늘 얻던 것만 얻게 될 것이다."

작은 변화가 패턴(행동 양식)을 깨뜨릴 수 있다. 이러한 변화를 만들기 위한 간단하면서도 효과적인 방법은 다른 사람과 접촉을 시도하는 것이다.

지금 괴로운 일이 있다면, 최근 몇 년 동안 성공을 거둔 TV 프로그램 중의 하나인 <Wife Swap>을 보라. 이 리얼리티 프로그램에서 두 가정의 주부는 실제로 2주일간 다른 가정에서 역할을 바꾸어 생활하게 된다. 처음 일주일간 그들은 새로운 가정에서 자신의 규칙을 적용하여 생활한다. 그리고 2주째가 되면 그들은 다른 주부의 규칙에 의해 생활한다. 역할 교환의 긍정적인 효과를 위한 이 프로그램은 사람들 사이의 완전히 다른 가치관과 생활 방식을 보여주며, 때로는 심한 갈등으로 끝맺기도 한다.

그럼에도 불구하고, 다른 사람의 삶을 잠시나마 살아봄으로써 (그들의 일을 하고, 커뮤니티 활동을 하고, 친구를 사귀고, 심지어 쇼핑까지 따라 해보면서) 그들의 생각에 대해서 이해할 수 있게 된다. 당신과 다른 그들의 일상생활에서 당신은 많은 아이디어를 얻을 수 있다. 이 아이디어가 마음에 든다면 다음 단계를 따라 해보라.

> **일주일 동안 누구와 역할 교환을 할 수 있는지 자신에게 물어보라.**
 -이웃? 다른 지역에 있는 친척? 당신의 자녀 중 하나?

> **간단하게 하라.**

생활의 모든 부분에서 역할을 교환한다는 것은 너무 복잡할 수 있다. 그래서 특정한 활동만 선택하여 할 수 있다. 요리 레시피를 교환하여 다른 사람이 좋아하는 음식을 만들어본다든지, 당신이 본 적이 없는, 상대방이 좋아하는 영화를 보는 것도 좋은 방법이다.

역발상 – 문제를 반대로 보기

Reversing a problem

어려운 문제를 해결하는 또 다른 방법은 그것을 반대로 생각하는 것이다. 언뜻 보면, 이 기술은 우스꽝스러워 보일 수도 있겠지만, 문제를 다른 쪽에서 바라볼 때 우리는 놀라운 통찰력과 완벽하게 합리적인 해결책을 찾을 수 있다.

서두르지 않고, 빠르게

어떻게 하면 차가 막히는 혼잡한 도로에서 더 빨리 갈 수 있을까? 사실 하나의 효과적인 답은 천천히 가는 것이라고 밝혀졌다. 이 아이디어는 ≪이상한 나라의 앨리스≫에 나오는 수수께끼처럼 들리겠지만, 아주 논리적인 설명이다.

차가 빨리 달리는 경우, 운전자는 짧은 반응 시간을 가지게 되어 정체를 만났을 때 갑자기 브레이크를 밟게 된다. 이렇게 가다 서다를 반복하면 속도가 나지 않는다. 하지만 차량의 속도를 시속 40마일(64킬로미터) 이하로 제한하는 경우, 차량이 꾸준히 이동하게 되어 ≪이솝 우화≫에 나오는 "토끼와 거북이"처럼 목적지에 빨리 도착할 수 있게 된다.

> **역발상 기술의 예 – 넓은 트롤리**
>
> 역발상 기술(reversal technique)은 비행기에서 사용하는 캐더링 트롤리 (catering trolley, 음식 배달 카트)를 고안하는 어느 디자이너에게 사용되어 좋은 결과를 낳았다. 사람들이 통로를 빠르게 지날 수 있도록 더 작은 트롤리를 개발하던 중 그는 문제를 역으로 생각해보았다. 어떻게 하면 카트를 크게 만들 수 있을까? 커다란 카트에 대한 그의 답은 통로에 딱 맞는 레일을 만들어 그 위에서 카트가 움직이게 하는 것이었다. 만일 카트가 커진다면 음식을 가열하는 오븐을 카터 안에 설치할 수 있고, 그러면 주방 공간은 그만큼 더 작게 만들 수 있게 된다. 그래서 결과적으로 비행기에 더 많은 좌석을 넣을 수 있게 된다. 이 아이디어는 타당성이 있는 것으로 밝혀졌고, 이후 특허 출원을 하게 되었다.

왜 반대로 생각해야 되는가?

이 기술은 당신이 맡은 일에 대해 의도적으로 반대가 되는 생각을 하는 것을 말한다. 이것이 당신에게 실용적인 해결책을 제시하지 못한다 하더라도 당신의 발목을 잡고 있는 문제에 대한 새로운 관점을 보여주면서 당신을 도울 것이다.

이 **역발상 기술(reversing technique)**의 또 다른 장점은 문제를 더 재미있게 만든다는 것이다. 우리가 해야 하는 일의 반대되는 행동에 대해서 주목을 끌게 한다. 또한 반대로 문제를 설정하면 아이디어 생성을 쉽게 할 수 있다. 예를 들어 돈을 절약하려고 애쓰고 있다면,

대신에 돈을 흥청망청 쓰는 방법에 대해서 생각해보라. 당신이 생각해 낸 그 방법들이, 필요하지 않는 물건을 구매하도록 당신을 유혹하는 것이 무엇인지를 알게 해줄 것이다.

역발상 기술 사용하기

차를 몰다가 막다른 길을 내려가고 있을 때는 빠져나오기 위해서 후진 기어가 필요하다. 같은 방법으로 역발상 기술을 생각할 수 있다. 이것은 길이 막힐 것 같을 때 다른 길을 찾도록 도와준다. 직장이나 가정에서 어떤 문제에 관해서라도 이 기술을 사용할 수 있다. 여기 두 가지 예가 있다.

감사 카드 보내기

크리스마스카드나 감사 카드를 올해가 가기 전에 도착할 수 있도록 보내는 방법을 걱정하는 대신, 어떻게 하면 나중에 보낼 수 있을까를 생각해보라.

크리스마스카드와 같이 연말 행사의 카드를 보낼 때, 만약 우편물 폭주로 정상적인 시일보다 배달이 늦어진다면 연말까지 상대방에게 도착하지 않을 수도 있다. 따라서 대신 신년 카드를 보내는 것을 생각할 수 있다. 이것은 잘못된 것이 아니다. 어차피 사람들은 크리스마스 전에 그 많은 카드와 편지를 모두 읽을 시간이 없다.

당신의 인사를 조금만 늦춘다면 상대방에게 더 많은 영향을 주게 될 것이다.

축구 연습장에 아이들 데리고 가기

축구 연습을 싫어하는 아이를 연습장에 데려가는 것을 고민하는 대신에, 어떻게 하면 아이들이 당신을 데려가게 할 수 있는지를 생각해보라.

이것은 무엇을 의미하는가? 문자대로라면, 아이들이 자전거에 트레일러를 연결하고 당신을 싣고 가는 것이지만, 현실적인 방법은 이런 것이 있다. 아이의 준비를 재촉하는 대신, 출발하기 전까지 아이들이 해놓아야 할 일이 무엇인지를 강조함으로써 주안점을 바꾸는 것이다. '데리고 가다(deliver)'라는 말을 느슨하게 해석할 필요가 있다.

역발상의 여러 방법

보통 문제에 반대가 되는 생각이 하나 이상은 있기 마련이다. 그래서 '새로운 직장을 구하는 방법'과 같은 문제는 '기존의 일자리를 유지하는 방법' 또는 '오래된 일자리를 구하는 방법(이것은 예전 직장 중의 하나로 돌아가는 방법)' 또는 '나에게 맞는 새로운 일자리를 찾는 방법'이 될 수 있다. 이러한 각각의 의견들은 아이디어의 실현을 위한 각기 다른 방향을 보여준다.

마찬가지로 당신이 새로운 집을 찾고 있다면, "형편에 맞는 살기 좋은 집"을 찾는 방법은 다음처럼 바꾸어 생각해볼 수 있을 것이다.

"내 형편에 맞지만 살기에 적당하지 않는 집 찾기"(어쩌면 그렇게 나쁘지만은 않은 집을 결국은 찾을 것이다.)

"내 형편에 맞지 않지만 살기 좋은 집 찾기"(집값을 구해볼 방법을 찾는다.)

"적당한 집 찾기를 포기한다."(현재의 집에 머무르면서 운 좋게 좋은 집이 나타나기를 기다린다.)

수평적 사고 연습

Lateral thinking exercises

수평적 사고와 관련된 퍼즐은 재미뿐만 아니라 사고를 스트레칭할 수 있는 빠르고 효과적인 방법이다. 여기에 있는 연습 문제는 당신의 시각과 논리력을 시험해볼 수 있는 문제이다.(해답은 202~205쪽에 있다.) 당신은 얼마나 멀리 '상자 밖으로' 나갈 수 있는가?

다시 상자 밖에서 생각하기

이 책의 8쪽에 있는 '9개의 점' 퍼즐에서 당신은 펜을 떼지 않고 4개의 직선만을 이용하여 모든 점들을 연결하는 방법을 도전해보았다. 사실, 이 퍼즐은 3개의 직선을 이용하여 해결할 수도 있다. 그리고 더 나아가 1개의 선으로도 가능하다. 당신은 규칙을 위반하지 않고 해답을 찾을 수 있는가?

여기 덜 알려진 '16개의 점' 퍼즐이 있다. 아래 그림을 보라. 당신은 종이에서 펜을 떼지 않고 오직 6개의 직선을 이용하여 각각의 점들을 적어도 한 번씩 지나도록 그려야 한다. 16개의 점 퍼즐은 트릭 답변을 제외하더라도 적어도 10개의 답을 가지고 있다. 일단 9개의 점 퍼즐의 답을 알고 나면, 단 몇 분이면 16개의 점 퍼즐의 해답 중 하나를 찾을 수 있을 것이다. 만약 당신이 그렇지 않다면 '상자 밖으로 멀리 벗어나는 것'을 생각해봐야 한다.

수수께끼 질문

당신의 논리와 수평적 사고 능력의 추가적인 테스트로 다음과 같은 두뇌 게임을 이용해볼 수 있다.(해답은 205쪽에 있다.)

질문 1

통계에 따르면 캐나다 사람은 다른 달에 비해서 2월에 덜 먹는다고 한다. 그 이유는 무엇인가?

질문 2

"몇 살이야?" 스탠이 샐리에게 물었다.
"이틀 전에는 12살이었어. 하지만 내년엔 15살이 될 거야." 샐리가 대답했다.
어떻게 이것이 가능한지 설명해보아라.

질문 3

다음과 같은 순서로 연속하는 문자에서, 다음에는 어떤 문자가 오겠는가?

O T T F F S S

창의성의 혼란스러움

오토 폰 비스마르크(Otto von Bismarck)는 이렇게 말했다.
"소시지와 법이 만들어지는 과정은 지켜보지 않는 것이 좋다."
독일에서는 식육점에서 소시지를 직접 만드는데, 동물의 여러 부위가 들어가기 때문에 직접 만드는 것을 보면 비위가 상할 수 있으므로 차라리 모르는 게 낫다는 데서 이런 말을 하였다. 이와 같은 원칙은 혁신에도 적용된다.

우리는 훌륭한 결과물로 이어지는 영감의 불빛만을 창의력으로 보는 경향이 있다. 성공하기까지의 어렵고 힘든 과정들(불확실성, 논쟁, 절망 등)을 우리는 좀처럼 보지 않는다. 여기 내가 즐겨 인용하는 몇 가지 예가 있다.

***

시드니 오페라 하우스

덴마크 건축가 이외른 우촌(Jørn Utzen)이 설계한 시드니의 오페라 하우스(Opera House)는 호주를 대표하는 위대한 아이콘 중 하나이다. 하버 브리지(Harbour Bridge)를 배경으로 한 오페라 하우스의 전망은 세계에서 가장 사진 찍기 좋은 곳 중의 하나이다. 하지만 그 디자인과 건축물은 잠시 동안 조롱과 골칫거리의 대상이었다.

아이디어는 간단하고 아름다웠다. 건물은 커다란 배가 하버브리지를 통과하여 항해하는 모습을 연상하게 설계되었다. 원래의 디자인은 구형의 모습으로 지붕이 맞물리는 것이었다(오늘날 우리는 각각의 지붕이 복잡한 곡선의 모양을 하고 있는 것을 보고 있지만). 하지만 타일로 둥글게 지붕을 덮는 이 설계는 시공이 아주 어렵고 비용이 많이 드는 문제가 있었다. 그것은 지붕 모양을 구형의 '조각'으로 만들어보자는 누군가의 아이디어로 한번에 해결이 되었다.

금전적 낭비, 타협, 마지막 디자인 수정 작업이 프로젝트의 진행을 악화시켰다. 하지만 시공한 지 16년이 지나 오페라 하우스가 완공되었을 때 대중들은 모든 것을 용서하였고, 그 이후 세계의 많은 사람들이 즐겨 찾는 명소가 되었다.

약물의 발견

의약품 개발의 역사는 우연과 실수로 점철되어 있다. 가장 유명한 예가 페니실린이다. 스코틀랜드의 생물학자 알렉산더 플레밍(Alexander Fleming)은 어느 날 아침, 창문 틈으로 날아든 어떤 먼지가 자신이 배양하던 박테리아를 죽이는 것을 발견하였다. 플레밍은 이 물질이 페니실리움 노타툼(Penicillium notatum)이라는 푸른곰팡이라는 것을 알게 되었다. 더 놀라운 사실은 이 우연한 발견이, 이것을 이용하여 처음으로 인간의 질병 치료를 성공하기 13년 전인 1928년에 있었다는 것이다.

이 발견은 플레밍이 실용화하려고 생각하지 않았기 때문에 잠들어 있었다. 그러다가 미국과 영국 과학자들의 독창적인 통찰력과 끊임없는 연구에 의해 의료용으로 생산되기 시작하였다.

최초의 마취제인 아산화질소(Nitrous oxide)도 이와 비슷한 역사를 가지고 있다. 이 가스는 1795년에 발견되었지만, 50년 동안 단지 오락용 '웃음가스(소기, 笑氣)'로만 사용되었다. 어느 날 밤, 공개 오락 행사장에서 이 가스의 효능이 입증되었다. 웃음가스를 흡입한 한 참가자가 다리에 피를 흘리는 깊은 상처가 났음에도 고통을 느끼지 못하는 것이었다. 이것을 지켜본 호레이스 웰스라는 치과 의사는 즉시 이것을 환자용 마취제로 좋은 적용을 하게 되었다.

예스터데이(Yesterday) 그리고 다른 가사들

하나의 노래가 팝 차트에 진입하고 나면 그 노랫말은 변경할 수 없는 문화의 일부가 된다. 다른 창의적인 작업과 마찬가지로, 노래가 최종 완성곡으로 만들어지기까지 많은 변경과 수정 작업을 거친다는 사실을 우리는 간과하는 경향이 있다.

대부분의 노래는 아이디어의 조각으로부터 시작한다. 폴 매카트니(Paul McCartney)는 <예스터데이(yesterday)>가 어떻게 머릿속에서 떠올랐는지 말한 적이 있다. 그는 어느날 잠에서 깨자마자 음이 떠올라 곧바로 작곡을 하였는데, 아직 가사가 없었기 때문에 당시에는 그것을 리듬에는 맞지만, 빅히트의 예감은 없는 소리인 '스크램블 에그(Scrambled eggs)'라고 불렀다고 한다. 이 '스크램블 에그'가서정성 짙은 가사와 만나면서 전 세계인의 애창곡 <예스터데이>로 탄생하게 되었다.

팀 라이스(Tim Rice)는 세계적으로 유명한 뮤지컬인 <에비타(Evita)>가 앨범으로 제작되기 전까지 얼마나 많이 수정하고 다듬었는지 모른다. 당신은 에비타의 2막 노래의 첫 소절이 무엇인지 아는가? 초안은 "나의 무모하고 거친 나날들(All through my reckless and wild days)"이었다. 그리고 다른 하나는 "단지 당신의 사랑이 돌아오기를(It's only your lover returning)"이었다. 이 두 가사는 마지막 순간에 제거되었다. 결국 첫 소절은 "아르헨티나여, 날 위해 울지 마오!(Don't Cry For Me, Argentina)"로 결정되었다.

포스트잇

오늘날 포스트잇은 사무실이나 가정에서 흔히 볼 수 있다. 이토록 유용한 무엇인가가 발명되기까지 때로는 믿기 힘들 정도로 너무나 많은 시간이 걸린다.

1968년, 3M에 근무하던 화학자인 스펜서 실버(Spencer Silver)는 아주 약한 접착제를 발명하였다. 이 발명품의 사용처를 찾다 3M은 끈적끈적한 표면을 이용하여 압정을 사용하지 않아도 되는 포스트잇이라는 게시판을 만들었다. 하지만 성공적이지 못했다.

다음의 아이디어는 3M의 연구원인 아트 프라이(Art Fry)에서 나왔다. 어느 날 교회에서 찬송가의 서표(書標, bookmark)로 사용하던 종잇조각이 자꾸 흘러내려서 당황하였던 그는, 3M의 접착제를 이용한 약간 끈적끈적한 서표를 생각하게 되었다. 그는 직장에서 아이디어를 테스트해 보았지만 약간의 수요만 있을 뿐이었다. 얼마 후 프라이는 끈적거리는 종이 위에 메시지를 적어 문서에 붙여 놓는, 두 번째 순간적인 영감을 얻었다. 이 아이디어는 인기가 있었다. 그럼에도 불구하고 회사는 부정적이었고 대중들의 관심도 부족하였다. 그러나 3M의 많은 사람들이 그 아이디어가 좋다고 믿었고, 그들은 1980년에 포스트잇(Post-It®)이라는 새로운 이름으로 이것을 출시하게 되었다.

같은 주제는 또 다시 발생한다. 많은 혁신의 가치는 사건이 일어난 후에 알게 된다. 창조의 과정은 험난하고 불확실성으로 가득할 수 있다. 그러나 당신이 프로젝트에 열정과 자신감을 가진다면 여전히 큰 무언가를 이룰 수 있을 것이다.

4장
창의적인 아이디어를 만드는 방법

이전 장은 문제 해결 방법에 관한 것이었다. 때때로 당신은 문제를 피할 수 없으며, 또 쉽게 아이디어를 떠올릴 수도 있다.

휴가를 어디로 가야 할지 선택해야 하는가? 당신이 생각할 수 있는 모든 것은 당신이 전에 가봤던 장소이다. 연설문을 작성해야 하는가? 첫 문장을 쓰고는 말문이 막힌다.

대부분의 사람들이 문제에 부딪히면 곧바로 좋은 아이디어를 생각하기 위해 노력하고, 그 중에 하나가 독창적일 거라는 기대를 가지고 이러한 아이디어를 본다. 하지만 당신이 틀을 깨고 싶다면, 가끔은 다른 방법으로 진행하는 것이 좋다. 먼저 독창적인 아이디어를 찾고 그리고 그것을 당신이 이루고자 하는 목적에 적용할 수 있는지를 살펴보라. 이 장에서는 아이디어를 촉발시키고 의도적으로 사고를 자극하여, 창의적인 새로운 아이디어를 만드는 방법에 대해서 설명한다.

아이디어는 **어디서 나오는가?**

Where do ideas come from?

'특정한 상황'은 아이디어를 위한 비옥한 땅을 제공한다. 그 특정 상황들이 무엇인지 안다면 당신은 그것을 만드는 단계를 밟을 수 있다. 그렇게 함으로써 영감이 떠오르기를 기다릴 필요 없이 원할 때마다 아이디어를 얻을 수 있다.

아이디어를 위한 방아쇠

아이디어가 떠오르게 하는 것은 무엇인가? 일반적으로 다음과 같은 상황은 아이디어를 떠오르게 할 가능성이 가장 높다.

아이디어를 만들기 위한 이유를 가져라

그것에 대한 이유를 가지고 있지 않다면 아이디어를 가질 가능성은 적다. 월드와이드웹(worldwide web)은 1990년대 중반까지 그것의 존재를 아는 사람이 거의 없었기 때문에 극소수의 사람만이 사용하였다. 오늘날, 수백만의 사람들이 그들의 웹사이트를 가지고 있다. 아이디어를 촉발시킬 수 있는 새로운 상황에 자신을 놓이게 하라.

필요는 발명의 어머니

집을 짓고 자급자족하는 방법을 아는가? 어느 날 갑자기 당신이 무인도에 떨어지게 된다면 선택의 여지없이 그것을 배워야 할 것이다. 아이디어는 그것의 필요성과 맞닥뜨렸을 때 솟아나고 만들어진다. 위기는 필연적으로 그것을 생각해내게 하는 하나의 방법이다.

현 상황에 싫증을 내어라

상황에 만족하지 않는 것은 아이디어를 위한 강력한 방아쇠이다. 예를 들어보자. 19세기 런던의 템즈 강으로 유입되는 매몰되지 않은 하수구는 많은 악취를 풍겼다. 하지만 지독한 악취를 풍기는 유해가스로 인해 국회의사당이 폐쇄되었던 1858년 여름 전까지 정치인들은 이 문제에 별 관심이 없었다. 그러다가 갑자기 누구나 할 것 없이 이 문제에 대한 아이디어를 내놓기 시작했다. 그 결과 오늘날과 같은 땅 속에 매몰되어 있는 하수도 장치가 만들어졌다.

누군가의 다른 아이디어를 보라

아이디어는 마치 바이러스와 같이 커뮤니티를 통해 퍼진다. 만약 한 사람의 트랜드세터(trend setter, 시대의 풍조나 유행을 조사하고 이끄는 사람)가 자신의 뒷마당에 데크(deck, 바닥판)를 설치하면 갑자기 사람들은 그것을 따라 하려고 한다. 다른 사람들이 어떻게 발명을 하고 어떤 식으로 문제 해결을 하는지를 살펴보면 당신의 상황에 맞는 아이디어를 찾기가 더 쉬워진다.

숙성시켜라

아이디어의 자료들은 우리 주변에 널려 있다. 하지만 이 아이디어가 밖으로 튀어나오기 위해서는 우리는 종종 철학자 케스틀러(Arthur Koestler)가 '숙성(ripe)'이라고 설명한 마음의 상태가 필요하다. 그는 문제에 몰두하는 사람일수록 가지고 있는 아이디어를 오랫동안 숙성시키는 경향이 있다고 말했다.

복잡하고 까다로운 문제

1940년, 스위스의 엔지니어인 조르주 드 메스트랄(George de Mestral)은 어느 날, 아내의 옷에 달린 지퍼가 고장 나는 것을 보고 "옷을 여미는 더 좋은 방법이 없을까?" 하고 고민을 하게 되었다.

몇 달 후, 강아지를 데리고 산책을 나간 그는 점무늬의 꺼끌꺼끌한 씨앗(산우엉 가시)이 강아지의 털에 붙어 있는 것을 발견하였다. 씨앗은 작은 갈고리를 가지고 있었고, 그것으로 강아지의 털에 붙어서 떨어지지 않는다는 것을 알게 되었다.

메스트랄의 마음속에 파스널(잠금 장치)에 대한 생각이 무르익고 있었기 때문에 그는 후크 앤 루프(hook-and-loop) 개념의 벨크로를 만들 수 있었다.

사고 **워밍업**하기

Warming up your mind

경기를 하거나 경쟁을 하기 전에 운동선수는 워밍업(준비운동)을 한다. 창의적인 생각을 하는 사람도 이와 마찬가지이다. 영감이 떠오르지 않거나 지쳐 있을 때는 재충전을 위한 활동과 기분 전환을 하면 큰 차이를 가져오는 결과를 만들어낼 수 있다.

즉각적인 활력을 불어넣는 방법

다음의 것들은 정신과 육체에 즉각적인 활력을 제공한다.

> **육체적 활동**

산책이나 워킹, 조깅은 다른 체계 속으로 당신의 뇌를 접속하게 한다. 이러한 활동은 혈액순환을 촉진시키고 정신을 맑게 한다. 그리고 환경의 변화는 사고를 자극하여 정신 활동을 활성화시켜준다.

> **뇌를 자극하는 음악**

'모차르트 효과(Mozart effect)'는 모차르트 음악이 뇌를 자극하여 사고의 기술을 향상시킨다는 것을 이르는 말이다. 그러나 음악이 꼭 모차르트일 필요는 없다. 로큰롤이나 팝송, 가요라도 상관없다. 당신의 일에 도움이 되고 활력을 불어넣는 음악을 들으면 된다.

> 유머

창의적인 사고와 웃음은 긴밀하게 연결되어 있다. 우리가 웃는 이유는 세계에 대한 일반적인 견해에 맞지 않는 무언가를 들었기 때문이다. 마찬가지로 창의적인 생각은 우리의 예상을 뒤엎는 것이다. 아이디어가 없을 때는 당신을 웃게 할 사람이나 무언가를 찾아보라.

사고를 자극하는 게임

게임과 퍼즐은 창의적인 사고를 위해 마음을 준비하는 또 다른 이상적인 방법이다. 혼자서 또는 친구와 함께 다음과 같은 게임을 해보라.

> 혼자 또는 여럿이

- 책의 첫 문장을 상상해보라.

아직 읽지 않은 책을 찾아, 책을 열기 전에 첫 문장을 맞춰보라.

- 내일 뉴스의 헤드라인은 무엇일까?

내일 자 신문의 주요 뉴스가 무엇인지 예측하는 것은 종종 가능할 것이다. 그렇다면 헤드라인은 무엇일까를 생각해보라. TV나라디오의 뉴스를 듣고 내일 자 신문을 보기 전에 자신이 직접 헤드라인을 만들어보라.

> **단체 게임**

- 두 개의 진실과 하나의 거짓

각 개개인은 자신에게 실제로 일어난 일 두 가지와 꾸며낸 이야기 하나를 다른 사람이 모르게 적는다. 그런 다음 사람들에게 목록을 읽어주고 다른 사람들은 어떤 것이 거짓말인지 추측한다. 그럴듯한 거짓말을 지어내는 것이 요령이다.

- 단어 정의 내리기

각각의 사람들이 교대로 사전에서 모호한 단어를 찾는다. 모두 다 그 단어에 대한 자신의 정의를 적고, 모자 속에 넣는다. 그리고 사전에 정의되어 있는 진짜 뜻도 적어 넣는다. 각각의 정의를 읽는다. 사전에 정의된 올바른 정의를 추측했다면 점수를 얻는다.

생각의 **패턴**

Patterns of thought

처음 떠오르는 생각을 바로 종이에 옮기는 행위 자체가 당신의 아이디어 흐름에 도움이 될 것이다. 그러나 아이디어의 대부분은 논리적으로 깔끔한 순서와 방향이 아닌, 다양한 방향으로부터 문득 떠오른다. 만약 당신이 이러한 무작위 순서대로 목록을 만든다면 아이디어의 상호 연관성을 찾는 데 어려움을 느낄 것이다. 따라서 이러한 아이디어를 다이어그램(도표)으로 표현한다면 더 쉽게 연관성을 찾을 수 있고, 더 많은 아이디어를 추가적으로 떠올릴 수 있을 것이다.

스파이더 다이어그램 만들기

당신의 아이디어를 구축하는 한 가지 방법은 **스파이더 다이어그램(spider diagram, 거미 도표)**을 이용하는 것이다. 스파이더 다이어그램을 좀 더 기술적인 의미로 '의미구조도(semantic map, 意味構造圖)'라고도 한다. 스파이더 다이어그램을 이용한 예를 보자.

생일을 맞이한 매기 숙모에게 선물을 뭘로 하면 좋을까 하는 아이디어는 다음과 같이 스파이더 다이어그램으로 펼쳐나갈 수 있다.

이렇게 하면 막연히 생일 선물을 생각할 때보다 더 많은 것을 떠올릴 수 있을 뿐만아니라, 매기 숙모가 진짜 원하는 것이 무엇인지를 찾을 수도 있다.

먼저 아이디어에 대한 중심 테마(매기 숙모를 위한 선물)를 종이의 한 가운데에 적는다(이것은 거미의 몸통이 될 것이다). 그리고 그 주변으로 관련되는 아이디어를 적고, 다리를 만들어주기 위해 그것과 몸통을 연결하는 줄을 그어준다. 거미의 다리는 원하는 대로 만들 수 있다. 카테고리를 세분화하고 다른 아이디어가 생기면 가지치기를 하여 새로운 다리를 만들어 나갈 수 있다.

이 기술의 장점은 목록의 한 방향이 아닌 여러 방향에서 아이디어를 펼칠 수 있다는 것이다. 또한 생각의 흐름을 따라가면서 연상작용을 통하여 아이디어를 연결할 수 있다. 만약 이러한 당신의 아이디어 그림이 잘 그려지지 않는다면, 즉 종이의 빈 공간이 많이 남아 있다면 그것은 새로운 가지와 아이디어가 채워지길 간절히 바라고 있다는 뜻이다.

이 기술을 선호하는 사람들은 그냥 아이디어를 생성하는 수단으로만 사용하지 않는다. 그들은 정보를 기억해내고, 메모를 하거나 이야기를 구성하는 데에도 이 기술을 적용한다. 당신은 어느 것으로든 이 기술을 사용할 수 있다.

# 스파이더 다이어그램 만들기의 예

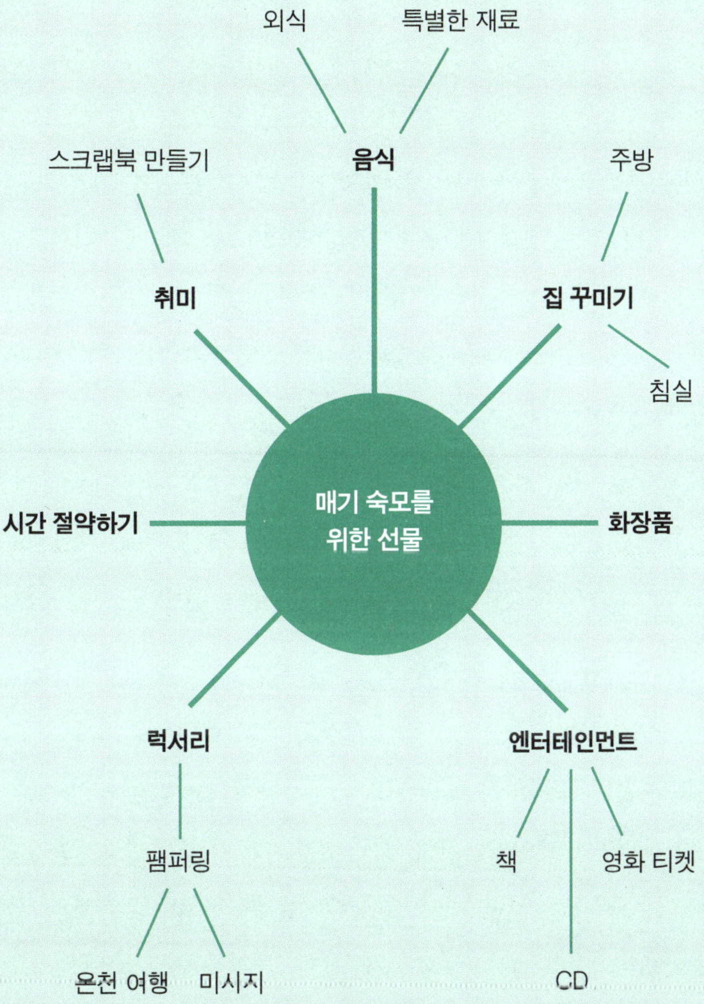

- 외식
- 특별한 재료
- **음식**
- 스크랩북 만들기
- 주방
- **취미**
- **집 꾸미기**
- 침실
- **시간 절약하기**
- **매기 숙모를 위한 선물**
- **화장품**
- **럭셔리**
- **엔터테인먼트**
- 팸퍼링
- 책
- 영화 티켓
- 온천 여행
- 미시지
- CD

완전히 다른 뭔가를 하기

Doing something totally different

한번은 뉴욕에서 어떤 작곡가에게 어떻게 새 음악을 만드는지를 물어본 적이 있다. 그는 빈 종이를 들고 아이디어가 떠오를 때까지 기다렸을까? 전혀 그렇지 않다. 그는 완전히 다른 뭔가를 하고 있을 때 아이디어가 온다고 했다. 이 대답은 많은 창의적인 전문가의 전형적인 대답이다. 또한 이것은 당신을 도울 수 있다.

기분 전환을 위한 유용한 활동

기분 전환을 위해서 가장 좋은 일은 약간의 집중력을 요구하는 일상적인 일이다. 위의 작곡가는 논문이나 조사 자료를 정리할 수도 있지만 잔디 깎기와 같은 음악과는 전혀 상관없는 일을 해도 좋다.

집안의 허드렛일이나 조각 그림 맞추기와 같은 자질구레한 일을 해도 된다. 발명가 토마스 에디슨은 낚시를 좋아하였다. 그는 물고기를 잡을 의도는 없었다. 단지 자신의 시간을 갖고 싶었던 것이다.

아이디어를 떠올리기에 좋은 장소

아이디어가 어디에서나 떠오를 수 있다는 사실은 심리학자 볼프강 쾰러(Wolfgang Khler)에 의해 밝혀졌다.

스코틀랜드의 한 물리학자가 그에게 이렇게 말했다.

"우리는 종종 3개의 B에 대해서 이야기합니다. 그것은 버스(Bus), 욕실(Bath), 침대(Bed)입니다. 그곳에서의 위대한 발견이 우리의 과학을 만들었습니다."

먼저, 당신의 도전에 빠져 들어라. 예를 들어 당신의 목표나 조사해야 될 일을 적어보라. 그러고는 잠시 동안 잊어버려라. 기분 전환으로 다른 일을 하면서 보내는 시간은 당신의 목표나 문제를 정의하는 데 도움이 된다.

잠시 동안 당신의 집중을 다른 곳으로 돌려 휴식을 취하는 것은 당신의 무의식 세계가 더욱 활발하게 신선한 아이디어를 만들어내는 데 도움이 된다.

세컨드 오피니언 찾기

Seeking a second opinion

창의적인 생각은 대개 고독한 활동으로 볼 수 있다. 그러나 이 고독한 접근 방법은 모든 사람에게 적용되지는 않는다. 오히려 이것은 사고의 장애물이 될 수도 있다. 혼자인 당신은 다양한 관점에 대한 감각을 잃고, 생각은 진부해질 수 있다. 따라서 아이디어를 발전시키는 데 도움이 되는 가장 효과적인 방법은 당신의 아이디어를 공유할 수 있는 누군가를 찾는 것이다.

백짓장도 맞들면 낫다

영국의 교육가 그레이엄 윌러스(Graham Wallas, 1858~1932)는 그의 책 ≪사고의 기술(The Art of Thought)≫에서 '사운딩 보드(sounding board, 얘기를 들어주고 조언을 해주는 사람)'의 이점을 설명하였다. 그는 어린 소녀를 예로 들면서, 어린 소녀는 말을 하기 전에 그것이 무엇을 의미하는지 확실하게 하기 위해, 이렇게 말한다고 하였다.

"내가 말하는 것을 보기 전까지 내가 무슨 생각을 하고 있는지 어떻게 내가 알 수 있나요?"

당신의 절친한 친구를 잘 관리하라. 무엇보다도 당신은 좋은 청취자가 필요하다. 누군가의 방해나 비웃음 없이 당신의 아이디어를 펼쳐 보일 수 있는 것은 아이디어를 형성하고 개선하는 데 많은 도움이 된다. 당신은 친구로부터 공감의 반응을 받고, 마지막에는 "고마워, 많은 도움이 되었어"라고 말하게 될 것이라는 걸 이미 알고 있다.

질문을 받는 것 또한 아이디어를 생성하는 데 도움이 된다. 당신의 창의적 사고 중 당신이 고려하지 못한 부분들이 있을 수 있고, 그 문제에 대해 잘 알지 못하는 누군가가 스스로의 이해를 돕기 위해 당신에게 질문을 던질 수도 있다. 세컨드 오피니언(second opinion)은 당신에게 신선한 관점을 보여줄 수 있고, 나아가 당신의 아이디어를 더욱 더 확장하는 데 도움을 줄 수도 있다. 이러한 세컨드 오피니언을 주는 상대방은 아이디어가 넘치는 사람이 아닐지라도 당신에게 충분한 영감을 줄 수 있다.

5장에 타인과의 창의적인 소통에 관한 더 많은 도움말이 있다.

영감을 주는 사람

Inspirational people

유명한 사람, 특히 당신이 존경하는 대상은 아이디어를 위한 영감의 원천이다. 당신은 그들의 태도와 업적을 본보기 삼아 따라 할 수 있다. 또한 다른 방법으로 문제를 해결하기 위해 역할극(role-playing)을 통해 유명한 사람들의 캐릭터를 연기해볼 수도 있다.

감독의 영웅

빌리 와일더(Billy Wilder)는 영화 <뜨거운 것이 좋아(Some Like It Hot)>, <선셋대로(Sunset Boulevard)>와 같은 명작을 만든 역사상 가장 뛰어난 감독 중의 하나이다. 와일더는 많은 다른 감독들로부터 영감을 받았지만, 일찍이 그 자신의 영감의 원천은 에른스트 루비치(Ernst Lubitsch) 감독이라고 하였다. 그의 사무실 벽에는 이런 말이 걸려 있었다.

> How would Ernst Lubitsch have done it?
> 에른스트 루비치라면 어떻게 했을까?

당신의 롤모델은 누구인가?

빌리 와일더의 이야기가 보여주는 것처럼 대부분의 성공한 사람들은 존경하는 인물이 있다. 이러한 롤모델(role model)들에 대한 우리의 이미지는 거의 항상 왜곡되어 나타난다. 우리는 그들의 실패가 아니라 최고의 모습에 관해서만 듣기를 원한다. 물론 영웅 숭배는 도가 지나칠 수도 있겠지만, 적당히 따르는 사람들은 영웅들이 지향하는 모습과 자질을 요약하여 자신의 롤모델로 삼음으로써 도움을 받을 수 있다.

당신이 영향을 받고 싶은 사람은 누구인가? 그 사람을 존경하는 이유는 무엇인가? 눈에 띄는 곳에(컴퓨터, 냉장고, 자동차 등) 그 사람의 사진을 붙여두고 끊임없이 생각나게 하라. 아니면 빌리 와일더가 했던 것처럼 "[나의 영웅]이라면 어떻게 했을까?"와 같은 간단한 문구를 적어 붙여두는 것도 좋다.

영웅의 도움 받기

문제를 해결하려는 조바심 대신, 성공한 사람이나 문제 해결사, 또는 가상 캐릭터의 마음속으로 자신을 밀어 넣어 보아라. 예를 들어 당신이 벽에 낙서하는 사람들을 막을 방법을 찾고 있다고 생각해보자. 여기 세 명의 유명한 사람들이 어떻게 문제에 접근하는지를 보여 주는 예가 있다. 이것은 이러한 사람들의 단순한 견해지만, 생각을 위한 영양분을 제공할 것이다.

- 존 레논(John Lennon)

존 레논은 그의 유명한 노래처럼 "평화가 찾아올 기회를 주세요(Give Peace a Chance)"라고 말한다. 또는 친절, 비폭력을 테마로 한 낙서를 할 수 있도록 평화의 벽을 만들 수도 있다.

- 도로시(Dorothy, 오즈의 마법사에 나오는)

도로시는 감정에 호소한다. 심금을 울리는 눈물을 이용하고, 범죄자가 양심의 가책을 느끼게 하고, 그리고 그들이 입힌 피해가 다른 사람에게 얼마나 영향이 큰지를 보여주려 한다.

- 셜록 홈즈(Sherlock Holmes)

홈즈는 증거에 근거하여 객관적으로 본다. 낙서가들이 모이는 곳, 범죄를 저지른 시간 등을 비롯하여, 거드름을 부리는 경찰들보다 더 많이 미묘한 단서들을 발견한다.

성공한 사람과 문제 해결사

아래의 인물과 캐릭터는 특정한 사고방식을 가지고 있다. 그들의 사고방식을 빌려 아이디어에 대한 다른 길을 열 수 있다.

- 클라크 켄트 / 수퍼맨(Clark Kent)
- 캐리 그랜트(Cary Grant)
- 오드리 햅번(Audrey Hepburn)
- 라라 크로프트(Lara Croft)
- 윈스턴 처칠(Winston Churchill)
- 스티븐 호킹(Stephen Hawking)
- 마돈나(Madonna)
- 타이거 우즈(Tiger Woods)
- 넬슨 만델라(Nelson Mandela)
- 오프라 윈프리(Oprah Winfrey)
- 빌 게이츠(Bill Gates)
- 마지 심슨(Marge Simpson, 심슨 가족의 엄마 캐릭터)

현실을 다르게 보기

Bending reality

58쪽에 있는 '만약에?' 게임에서 우리는 정상의 범위를 넘어 생각하는 법을 배웠다. 이 기술은 현재의 조건을 변경하였을 때 무슨 일이 일어날지를 파악하여, 창의적으로 생각하려는 경우에 적용할 수 있는 기술이다.

이것이 다르다면 어찌 되는가?

당신의 한계를 확장시키는 가장 간단한 방법은 질문을 해보는 것이다. "만약에 이것이 다르다면 어찌 되는가?" 이 질문은 가장 영감을 불러일으키는 질문 중의 하나이다. 당신이 변경할 수 있는 문제에는 많은 측면이 있기 때문에 문제 해결 방법을 수백 가지나 찾을 수 있다.

이 기술은 다음의 예제를 통해 설명할 수 있다. 당신이 새로운 유형의 기차를 설계한다고 가정해보자. 달리는 열차 안에서 아름다운 경관을 볼 수 있는 흥미 있는 관광 열차를 디자인해야 한다면, 창의적인 방법이 그리 많지 않다고 생각할 수도 있다. 그러나 어떠한 상황과 마찬가지로, 열린 마음으로 탐구를 한다면 당신이 알지 못하는 흥미 있는 아이디어가 나타날 수 있다.

'이것이 다르다면 어찌 되는가?' 기술의 첫 번째 단계는, 그것이 얼마나 확실한 것인가에 상관없이, 당신이 생각할 수 있는 모든 것을 적는 것이다. 기차에 대해서는 다음과 같이 목록을 시작할 수 있다.

- 기차를 끄는 기관차는 기차의 전면에 있다.
- 기관사는 기관차 안에 앉아 있다.
- 승객은 객차의 좌석에 앉아 있다.
- 승객은 창문 밖의 풍경을 보고 있다.
- 기차는 트랙 위에서 이동한다.

목록에 있는 각 항목에 대해 이렇게 물을 수 있다.
"이것이 다르다면 어찌 되는가?"
그렇게 하여 당신의 생각을 펼쳐나갈 수 있다.

"기관차가 기차의 전면에 있다"

이것이 다르다면 어찌 되는가?

기관차는 꼭 앞에 있을 필요는 없다. 때로는 기차의 후면에서 여객차를 밀 수도 있다. 기관차가 앞에 있지 않다면 여객차를 맨 앞에 둘 수 있다.

기차의 맨 앞에 여객차가 있어 앞 창문을 통해 환상적인 경관을 감상할 수 있다면 멋지지 않을까? 하지만 이것은 기관사가 레일을 볼 수가 없어 안전에 문제가 생기지 않을까? 이것은 목록의 다음 아이템과 연결된다.

"기관사는 기관차 안에 앉아 있다"

이것이 다르다면 어찌 되는가?

기관사가 기관차 안에 앉아 있지 않아도 가능하지 않을까? 물론 엔진으로부터 멀리 떨어진 전면에 조종사가 자리하는 이러한 방식은 이미 비행기에 존재한다.

우리는 전망을 관람할 수 있는 창문이 있는 관람차에 주변보다 솟아 오른 캡슐 모양의 운전석을 만들 수 있다. 그리고 주요 동력 장치는 중간이나 후면에 자리하게 만들 수 있다. 이 아이디어가 엉뚱하게 들린다면, 스위스 알프스에서 운행되고 있는 '크리스탈 파나로믹 익스프레스(Crystal Panoramic Express)'를 보면 이와 같은 기차가 이미 존재한다는 것을 알 수 있을 것이다.

이 아이디어는 우리의 목록에서 단지 2개의 항목을 진행함으로써 생겨났다. 그렇다면 100개의 아이템 목록에서 생겨날 수 있는 아이디어는 얼마나 많을지 상상해보라.

'만약에?' 질문의 확장

'이것이 다르다면 어찌 되는가?'는 어디서든 시작할 수 있기 때문에 매우 개방된 질문이다. 그러면 현재의 상황에서 방향을 틀기 위한 보다 구체적인 생각의 방법에 대해서 알아보자.

제약 사항을 감쪽같이 없앨 수 있다면?

아이디어를 떠올린다는 것은 규칙과 제약의 기억 장치를 극복하기 위한 투쟁이다. 기준을 만족하는 아이디어를 찾는 대신, 잠시 동안 제약 사항은 잊고 자신을 자유롭게 하라.

한번은 네덜란드의 어떤 학술회의에 기념품을 납품하는 팀과 일을 한 적이 있다.

기념품은 10달러보다 싸고, 네덜란드를 테마로 하는 것이어야 하며, 게임이어야 하고, 누구에게나 관심을 끌 수 있고, 회의의 주제와 관련이 있는 것이어야 했다. 그 모든 제약이 우리를 방해했다. 그래서 우리는 문제를 단순화하기로 했다.

"네덜란드를 테마로 한 게임을 생각해보자."

그러자 아이디어가 쏟아져 나왔다. 한 아이디어는 '당나귀 꼬리

달기(pinning the tail on the donkey)⃰ 게임의 변형인 '반 고흐의 귀 달기' 게임이었다. 그것은 채택되지는 않았지만 우리에게 큰 웃음을 주었다.

더 많은 아이디어를 시도해보자.

- 다른 순서로 일을 하면 어떨까?
- 만약 돈이 존재하지 않는다면?
- 이 일이 일본에서 일어났다면?
- 그것이 100배 더 작다면?
- 만약 오늘 밤에 할 수 있다면?
- 만약 그것을 해결하기 위한 노력을 멈추었다면?
- 당신이 하나의 물건이라면 기분이 어떨까?

⃰ 꼬리가 없는 당나귀 그림을 벽에 붙여놓고, 눈가리개로 눈을 가리고 몇 바퀴를 돈 후 벽에 붙어 있는 당나귀 그림에 꼬리를 정확하게 붙이는 사람이 이기는 게임.

 ## 아이디어 끝까지 확장시키기

과장된 것은 재미있다. 그것은 또한 생각의 장벽을 허무는 데 도움이 된다. 예를 들어 당신 자녀의 학교에서 열리는 바자회를 알리는 방법을 찾고 있다고 가정해보자. 당신의 생각은 다음과 같은 패턴을 따라 아주 특별하고, 실용적인 해답을 찾을 수 있다.

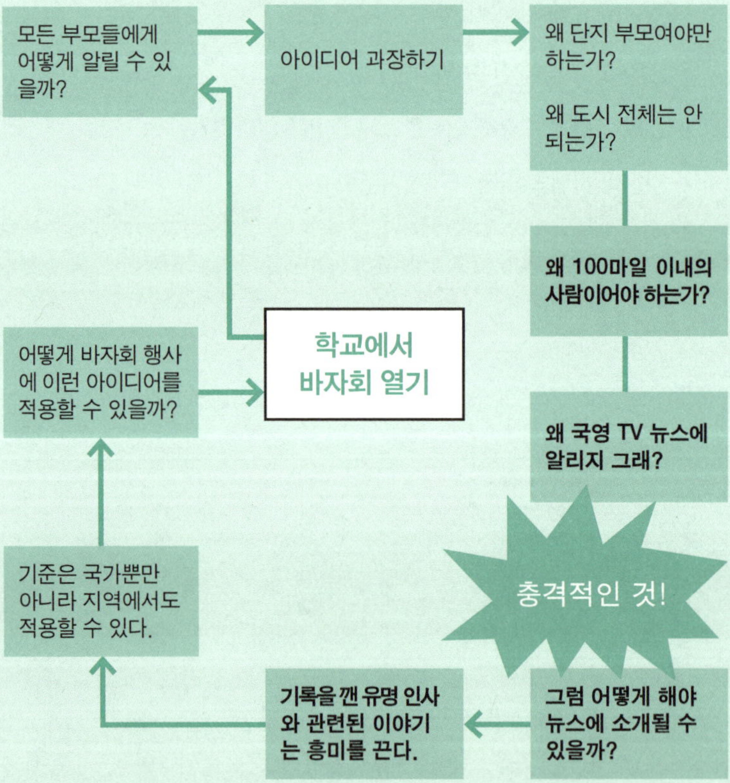

- 모든 부모들에게 어떻게 알릴 수 있을까? → 아이디어 과장하기 → 왜 단지 부모여야만 하는가?
- 왜 도시 전체는 안 되는가?
- 왜 100마일 이내의 사람이어야 하는가?
- 왜 국영 TV 뉴스에 알리지 그래?
- 충격적인 것!
- 그럼 어떻게 해야 뉴스에 소개될 수 있을까?
- 기록을 깬 유명 인사와 관련된 이야기는 흥미를 끈다.
- 기준은 국가뿐만 아니라 지역에서도 적용할 수 있다.
- 어떻게 바자회 행사에 이런 아이디어를 적용할 수 있을까?
- 학교에서 바자회 열기

비유적으로 말하기

Figuratively speaking

우리의 언어는 어떤 상황을 설명함에 있어서 웃음이나 유추와 같은 비유적 수법을 이용하여 매우 함축적으로 표현한다. 직면하고 있는 일이나 문제를 바르게 표현하는 것을 찾는 것만으로도, 당신은 그것에 관해 보다 선명한 그림을 그릴 수 있게 될 것이며, 새로운 통찰력과 아이디어를 찾을 수 있게 될 것이다.

어떤 기분이니?

비유적 표현은 다양하다. 워즈워드(Wordsworth)의 시 <나는 구름처럼 외롭게 떠돌았다(I wandered lonely as a cloud)>와 같은 감동을 주는 것에서부터, 호머 심슨(Homer Simpson)의 주옥같은 말 "장난기 없는 아이는 리퀴드 센터(liquid center)* 없는 볼링공과 같다"는 우스운 표현에 이르기까지.

당신은 당신을 설명하기 위해 상황에 맞는 유명한 속담 중 하나

---

* 볼링공 내부에 있는 액체 물질로, 볼링공의 속도와 회전을 제어하여 파워와 정확도를 높여주는 중요한 역할을 한다.

를 이용할 수 있다.

예를 들어, 92쪽에서 설명한 문제는 또 다른 모습을 가지고 있다. 아이들을 데리고 집안일을 할 때 당신은 이런 질문부터 생각할 수 있다.

"그들이 일을 하고 싶은 마음이 들도록 무엇을 할 수 있을까?"
당신은 다음과 같은 익숙한 비교를 생각해낼 수 있다.

- 그것은 이를 뽑는 거와 같다.
- 그것은 시럽을 건너는 거와 같다.
- 그것은 물을 오르막으로 밀어 올리는 거와 같다.

이러한 비유적 표현들은 관련된 좌절감을 아주 명확하게 나타내어주기 때문에 의사 표현을 할 때 아주 유용하다. 또한 가능한 해결책을 찾을 수 있도록 당신을 도와준다.

> **이를 뽑는 거와 같은 힘든 일**

세게 잡아당겨도 보고, 고통에 울부짖어도 보지만 방법이 없다. 치과 의사는 이 문제를 어떻게 해결할까? 그는 일반적으로 환자가 고통을 느끼지 못하도록 마취제를 줄 것이다. 마찬가지로 당신도 집안일을 점수 내기 게임으로 바꾸어 마취제 효과를 적용함으로써, 아이들이 지루함을 느끼지 못하도록 할 수 있다.

> **시럽을 건너는 것처럼 지루한 일**

진행이 느려지면 많은 저항에 부딪힌다. 아이들에게 쉽게 동기 부여를 하는 방법은 무엇인가? 언성을 높이지 않고 합리적으로 이야기를 하는 방법은 무엇인가? 거실 청소를 돕는 것을 요청하되 그들의 침실은 그들이 원하는 만큼의 무질서를 허용해야 하는 것인가? 더 교활하지만 현명한 방법은 아이들의 약점을 공략하는 것이다. 예를 들어 아이들이 용돈 인상을 원한다면 그들의 도움의 대가로 용돈 인상을 허락하는 방법이 있다.

> **물을 오르막으로 밀어 올리는 거와 같은 힘든 일**

일은 전혀 진척이 없다. 그리고 아이들은 시작 시점으로 자꾸 되돌아간다. 어떻게 당신은 오르막으로 물을 밀어 올릴 수 있을까? 한 가지 방법은 누수 방지 장치 또는 펌프를 통해 물을 이동시킬 수 있다. 자녀의 집중력이 낮아지는 것을 방지하기 위하여 산만을 일으키는 다른 요소를 제거함으로써 그들이 손안의 작업에 집중할 수 있도록 한다.

당신은 문제에 대해 이런 식의 표현을 적용하거나, 더 특별한 표현(예를 들면, "이것은 바다에 구멍을 파는 것과 같다.")을 찾을 수도 있으며, 당신만의 재미있는 표현을 만들 수도 있다.

오래된 아이디어 + 오래된 아이디어 = 새로운 아이디어

Old idea + Old idea = New idea

우리들 중 소수의 사람들은 독창적인 아이디어를 가지고 있다. 하지만 그렇지 못한 사람들은 오래된 아이디어들을 결합함으로써 새로운 아이디어를 쉽게 가져올 수 있다. 안무가 트와일러 타프(Twyla Tharp)는 이렇게 말했다.

"진짜 독창적인 것은 아무것도 없다. 호머나 셰익스피어는 물론 당신도. 그것을 극복하라."

혼합과 일치 – 목적에 맞게 짜맞추어라

모든 새로운 아이디어는 어떤 면에서는 아직 기대의 결과가 나타나지 않은 오래된 패턴을 다시 조합하는 것이다. 음악은 좋은 예이다.

근래의 가장 성공한 록 그룹 중의 하나인 오아시스(Oasis)는 비틀즈(Beatles)로부터 많은 영향을 받았고, 비틀즈는 로큰롤, 인도 음악, 중세 교회 음악에서 영감을 받았다. 그들은 이러한 음악들과 현대적인 가사, 최신 악기를 결합하여 새로운 음악을 만들어내었다.

또 일반적이지 않은 결합을 통해서도 새로운 아이디어를 얻을 수 있다. 아래의 표에 일반적으로 결합되어 있는 음식의 이름이 있다. 새로운 음식을 만들기 위해서 왼쪽 열과 오른쪽 열의 다른 행에서 한 항목씩 선택해보자.

본음식(Main Food)	일반적인 조합(normal partner)
버거	바비큐 소스
소고기	고추냉이
돼지고기	사과 소스
닭고기	카레 소스
베이컨	계란 프라이
아이스크림	딸기
팬케이크	메이플 시럽

아이스크림과 카레 소스, 팬케이크와 고추냉이, 소고기와 딸기, 버거와 메이플 시럽? 이러한 선택은 완전히 새로운 입맛에 도전하는 것이다. 이러한 요리가 악몽처럼 들릴 수도 있겠지만, 그것은 단지 당신이 시도해본 적이 없어서 그런 것이다. 당신은 실제로 있을 수 있는 새로운 조합을 볼 수 있는가?

세계에서 가장 유명한 레스토랑 중의 하나인 영국 남부 브레이(Bray) 지방에 있는 팻덕 레스토랑(Fat Duck restaurant)은 혁신적인 음식을 개발하여 3개의 '미슐랭 스타(Michelin stars)'*를 받았다. 레스토랑의 사장인 헤스톤 블루멘탈(Heston Blumenthal)은 일반적으로 관계가 없어 보이는 음식을 조합하였다. 이 식당의 맛있는 요리 중에는 베이컨과 계란 아이스크림, 달팽이죽과 담배향의 초콜릿이 있다.

기존의 조합들

거의 모든 창의적인 분야에서 새로운 아이디어는 오래된 것들을 조합하여 형성할 수 있다. 샴푸와 컨디셔너가 결합된 제품이나 지우개가 달린 연필 등 결과물의 대부분은 우리의 일상에서 익숙한 것들이다.

> 패션

새로운 패션은 오래된 아이디어의 재조합으로 간단하게 만들 수 있다. 17, 8세기 드레스를 기반으로 하여 창의적인 패션을 만들어낸 비비안 웨스트우드(Vivienne Westwood)**와 같이 일부 디자이너들은

---

* 프랑스에서 시작하여 유럽의 주요 국가에서 발간되는 여행 및 호텔·레스토랑 전문 안내 잡지인 기드미슐랭(Guide Michelin)에서 주는 평점. 미슐랭 스타 3개를 받은 곳은 '특별한 여행을 할 가치가 있는 곳'으로 인정되고 있다.
** 영국의 패션 디자이너. 그녀의 이름을 딴 브랜드는 반역성과 엘레강스를 겸비한 전위적 디자인으로 유명하다. 영국을 비롯해 프랑스, 미국, 일본, 중국, 한국 등 세계 여러 나라에 매장이 있다.

의도적으로 역사적인 소스로부터 아이디어를 빌려온다. 또 어떤 때에 패션에 대한 아이디어는 자연스럽게 떠오르곤 한다. 한 가지 예로 2005년 유럽과 북미에서 유행한 청바지 위에 드레스를 입는 패션을 들 수 있다.

> **TV 프로그램**

많은 인기 있는 TV 프로그램은 오래된 아이디어의 조합이다.

<뱀파이어 해결사(Buffy the Vampire Slayer)>가 큰 성공을 거두기 전까지는 뱀파이어와 고등학교 코미디의 조합은 쓸모없는 것처럼 보였다. 또한 퀴즈 게임 프로그램에서 객관식 질문과 큰 상금의 조합은 경이로운 시청률을 기록한 <누가 백만장자가 되고 싶은가?(Who Wants to be a Millionaire?)>를 탄생시켰다.

> **기술**

많은 성공한 기술의 아이디어는 두 가지의 일상적인 기능을 결합하여 생겨났다. 누군가는 디지털시계와 침대 옆에 놓여 있는 라디오에서 반짝이는 아이디어를 얻어 시계라디오(clock-radio)를 만들었다. 또 오랫동안 확고하게 자리 잡고 있던 가솔린 자동차와 전기 자동차를 조합하여 두 에너지 소스를 함께 사용할 수 있는 하이브리드 차를 탄생시켰다.

> **비행기인가, 헬리콥터인가?**
> 일반 날개와 회전형 날개를 가지고 있는 군사항공기인 'V22-오스프리(Osprey)'는 복합 기술의 놀라운 예이다. 오스프리는 헬리콥터처럼 수직 착륙이 가능하고, 비행기처럼 빠르게 앞으로 날아갈 수 있다.

당신은 단순히 오래된 것들을 결합하여 어떤 새로운 개념을 만들 수 있는가?

아이디어를 짜내고 조합하려는 두 가지 영역을 생각해보라. 예를 들어 결혼식 피로연과 정원 수리하기, 소파 수선과 개인 웹페이지, 상태 유지하기와 호주로 휴가 가기, 이런 식의 조합은 당신에게 새로운 아이디어를 떠올리게 할 수밖에 없다.

아이디어 **보관**하기

Storing ideas

아이디어는 종종 좋은 생각을 가지는 것만으로는 충분하지 않다. 타이밍 또한 중요하다. 적절하지 않은 시간에 불쑥불쑥 솟아난 아이디어를 우리는 기록해놓지 않아 좋은 아이디어를 잃어버리곤 한다. 오래된 아이디어는 영감을 불러일으키는 최고의 원천 중 하나이다.

기록하여 아이디어 보관하기

아이디어는 가장 불편한 장소에서 불쑥 솟아날 수 있다. 욕실이나 운전 중일 때 또는 새벽 4시에 잠 못 들고 있을 때 불현듯 떠오르기도 한다. 이럴 때 그것을 기록하지 않으면 아이디어는 훨훨 날아가버리고 잃어버리게 된다. 그래서 아이디어는 떠오를 때마다 기록을 해야 한다. 차 안이나 침대 옆, 손이 닿는 곳에 메모장과 연필을 준비해두어라. 요즘은 누구나 할 것 없이 스마트폰을 가지고 있으니 스마트폰의 메모 기능을 이용하면 어디서나 쉽게 아이디어를 보관할 수 있다.

한 번도 적용해보지 못한 아이디어만을 모아놓은 아이디어 파일을 만들어라. 아무런 영감이 떠오르지 않을 때 그 파일에 모아놓은 아이디어를 다시 되돌아 보면 영감을 얻을 수 있을 것이다. 작은 스케치든 봉투 뒷면을 이용한 간단한 메모든 간에 다양한 기록들을 아이디어 파일에 보관할 수 있다.

당신이 세심하게 정리 정돈을 하는 사람이라면, 아이디어의 종류에 따라 다른 폴더에 보관할 수도 있다. 하지만, 당신도 나와 같이 털털한 성격이라면, 그냥 당신이 끄적거려 놓은 아이디어 기록들을 모두 한 파일에 던져 넣으면 된다. 그렇게 마구잡이로 섞인 아이디어 기록들은 훗날 당신이 필요로 할 때 당신의 사고를 촉진시키고 영감을 줄 것이다.

가능성의 천천히 타는 도화선은 상상력에 의해 불붙는다.
The Possible's slow fuse is lit By the imagination.
- 에밀리 디킨슨 (Emily Dickinson, 1830~1886)

우연한 발견

Serendipity

때로는 '행복한 사고'로 정의되는 '우연한 발견'은 당신이 실제로 찾고자 한 것이 아닌 가치 있는 것의 발견을 말한다. 의미상으로는 당신은 우연한 발견을 만들 수 없다. 하지만 당신은 새로운 것들을 시도함으로써 그것에 대한 가능성을 높일 수 있다.

예기치 않은 발명

세계의 위대한 발명의 대부분은 사고와 실수의 결과였다. 고전적인 예로 보라색 염료에서 연한 자줏빛(담자색, mauve)을 발견한 것을 들 수 있다. 알려진 것처럼, 그것은 아주 우연히 말라리아의 치료제를 찾는 과정에서 나왔다.

수세기 동안 퀴닌(quinine, 퀴니네)은 말라리아 치료에 효과적인 방법으로 알려져 있었다. 하지만 불행하게도 자연적인 공급에는 제한이 있었다. 그래서 19세기 화학자들은 인공적인 퀴닌을 만드는 방법을 찾기 위해 많은 연구를 하고 있었다. 그 중의 한 사람이 윌리엄 퍼킨(William Perkin)이었다. 한 연구에서 퍼킨은 보라색 액체의 형태로 알코올에 녹아 있는 어두운 물질을 발견하였다. 그는 그 액체가 직물에 효과적인 염료라는 것을 알게 되었다. 퍼킨은 실수로 뜻하지 않게 세계 최초의 합성염료를 발견한 것이다.

우연한 결과가 일어나게 하는 법

우연한 결과를 조장하는 한 가지 방법은 스스로 정상적인 경험을 벗어난 어떤 작업을 하는 것이다. 한 예로 영국의 코미디언 데이브 골먼(Dave Gorman)은 세계에서 그와 같은 이름을 사용하는 54명의 사람을 찾는 내기를 하였다. 그 자체는 무의미한 것이었지만, 그것은 대중들의 상상력을 사로잡았다. 그는 현재 자신의 경험을 TV 프로그램과 오프브로드웨이(off-Broadway, 소극장) 쇼와 책에서 이야기 하고 있다.

 # 우연한 발견을 촉진하는 방법

우연한 결과를 가져오기 위해 어떤 무의미한 도전을 할 수 있는가? 다음과 같은 예를 시도할 수 있다.

* * *

- 출근을 할 때 다른 길을 이용하거나 다른 교통수단을 이용해본다.
- 전에 관심을 두지 않았던 잡지를 구매해 읽어본다.
- 휴가를 예년과는 다른 시기에 간다.
- 가본 적이 없는 가게에서 물건을 구입해본다.
- 지역 신문이나 도서관에서 다음 주에 갈 수 있는 대중 공연 목록을 찾아본다. 그 중 세 번째 것을 선택하여 참여한다.
- 평소에 가지 않는 서점을 방문하여 섹션별로 이동하면서 관심 가는 타이틀의 책을 골라본다. 어떤 책이라도, 소설에서 실용서까지, 마음 속의 매혹적인 여행을 할 수 있다.
- 다음번에 식사하러 갈 때는 무작위로 식당을 골라본다.
- 5분 동안 유명한 사람이 되어본다. 지역 라디오 방송에 전화를 해 당신의 관심거리나 방송에서 원하는 것을 이야기한다.
- 현재 가요 차트 10위의 노래를 구매한다.(당신이 이미 들었을 수 있는 1위 노래를 선택하지 마라.) 가사를 익히고, 아티스트에 대해 알아낸 뒤, 누군가가 노래에 대해서 당신을 시험해보게 한다.

단어의 **충돌** – 상상력에 불꽃 튀기기

When words collide

　상상력에 불꽃을 튀기는 한 가지 방법은 현재의 생각에 '완전히 상관이 없는 단어'를 추가하는 것이다. 마구잡이로 선택한 임의의 단어는 사고의 새로운 초점을 제공한다. 더불어 임의의 단어는 우스꽝스럽고 엉뚱하고 별난 아이디어를 떠올리게 한다. 그리고 압박감에서 벗어나게 하여 올바른 대답을 찾아야 한다는 부담감을 느끼지 않게 해준다.

어떤 단어를 선택할 것인가?

　간단히 사전을 펴고 당신이 찾아내는 첫 번째 명사를 임의의 단어로 선택할 수 있다. 예를 들어 먹이 다 된 볼펜의 용도에 대해서 생각하는 경우(24쪽 예제를 기억해보라), 사전에서 무작위로 '헤어스타일'을 선택할 수 있다. 어떻게 헤어스타일과 먹이 다 된 볼펜의 용도를 연결할 것인가? 아마도 당신은 다음과 같은 방법으로 그것을 할 수 있을 것이다.

- 헤어 컬러(hair curler)로 사용한다.
- 작은 링 모양으로 펜을 잘라 머리 방울로 사용한다.
- 펜의 껍데기를 이용하여 머리카락을 저장한다.(또는 다른 긴 것이나 가는 것을 저장하는 용도로 사용한다.)
- 빗으로 사용한다.

이러한 아이디어는 사용 가능한 원래의 목록이 아니다. 그리고 당신은 아마도 이보다 더 많이 생각할 수 있을 것이다. 정말, 실제로 어떤 사람들은 일에 대해 자유로운 선택을 할 때보다 임의의 단어가 주어졌을 때 더 많은 아이디어를 찾는다.(150쪽 '테마 고르기'를 참조하라.)

단어와 아이디어 결합하기

연습을 통해, **임의의 단어**(random-word) **기술**은 신제품 개발에서부터 세금 징수를 위한 방법에 대한 재고까지 어떤 상황에서라도 할 수 있다. 다음 페이지에서 당신이 시작하는 단어의 작은 선택을 확인할 수 있다. 당신의 계획과 이러한 단어들이 결합하여 어떠한 결과를 가지고 오는지 이 간단한 단계별 과정을 따라 해보자.

1. 당신이 찾는 것이 무엇인지 명확하게 한다.

예를 들어 당신에게 이런 도전을 줄 수 있다. 40세 생일 파티를 할 수 있는 장소에 대해 아이디어를 생각해보자.

2. 1과 60 사이의 임의의 숫자를 선택한다.

진정으로 랜덤하게 하려면, 시계를 보고 그 순간의 초를 확인한다. 만약 시계를 보았을 때 초바늘이 16초를 지나가고 있다면, 숫자 16을 선택하면 된다.

3. 다음의 목록을 본다.

임의의 단어 목록에서 선택한 숫자에 해당하는 단어를 확인한다. 부적절한 단어가 보일 것이다. 이것이 아이디어와 결합할 단어이다.

4. 아이템과 결합할 목록

만약 당신이 16을 선택했다면 우산을 생각할 수 있다. 비오는 날씨, 우산꽂이, 우산이 있는 그림, 지팡이 기능의 우산, 영화 <사랑은 비를 타고(Singin' in the Rain)>의 진 켈리(Gene Kelly).

5. 문제와 해당 단어를 결합시킨다.

40세 생일 파티를 우산과 연결하는 아이디어를 생각해보자.

6. 아이디어 흐름을 본다.

예를 들어 우산이 필요한 곳으로 간다고 생각해보자. 열대우림 기후 지방 또는 집 가까이에 있는 인공 우림 지역(식물원), 또는 여전히 우산꽂이를 사용하는 오래된 호텔에서 생일 파티를 연다고 생각해보자. 이렇게 아이디어를 펼쳐나가면 된다.

임의의 단어 목록

1	토끼	21	콘크리트	41	묘비
2	이빨	22	칵테일	42	울새
3	요가	23	벽난로	43	연기
4	여행 가방	24	매니큐어	44	트롬본
5	앵무새	25	계산기	45	고양이 먹이
6	수정	26	주사기	46	사다리
7	손톱깎이	27	브로콜리	47	오페라
8	농구공	28	스윙	48	펜싱
9	깃털	29	안전벨트	49	배수관
10	염소	30	실크모자	50	동굴
11	수녀	31	발톱	51	갈매기
12	낭떠러지	32	금	52	산소
13	망치	33	벚나무	53	우주 비행사
14	카메라	34	초콜릿	54	바이킹
15	베이컨	35	퀴즈 쇼	55	로데오
16	우산	36	바이올린	56	귓속말
17	나비넥타이	37	샴푸	57	엑스레이
18	단풍잎	38	빙산	58	사과
19	철조망	39	개집	59	헬리콥터
20	택시	40	파자미	60	지갑

테마 고르기

Picking a theme

앞에 있는 '임의의 단어' 연습을 통해 생각을 표현할 수 있는 더 많은 것을 해봄으로써 영감을 떠올릴 수 있다. 당신의 생각에 대한 프레임워크(framework, 틀)를 제공하는 테마가 있다면 생각은 더 생산적일 수 있다.

테마로 생각을 집중시키기

프로젝트를 너무 개방하면 당신은 끝도 없는 선택에 빠질 수 있으며, 주의를 기울이지 않는다면 하나의 아이디어에 빠져 아무것도 하는 것 없이 헤매고 있는 당신을 발견할 것이다. 하지만 테마를 정하면 생각이 멀어지는 것을 제어할 수 있다. 사람들이 초대장에 단순히 의상 착용(?)이라는 문구가 적힌 평범한 파티보다 테마 의상이나 가장무도회 파티(영웅과 악당)에 더 상상력이 발휘된 옷을 입고 오는 이유가 여기에 있다.

좋은 테마를 선택하는 방법에는 어떤 규칙도 없다. 보는 순간 당신은 바로 알게 될 것이다. 테마를 선택했다면, 그것과 관련된 모든 가능성을 펼칠 수 있도록 테마에 집중하여야 한다.

색상이나 모양, 또는 당신 인생의 특별한 이벤트(자녀의 입학 첫날과 같은) 등 몇 가지 가능한 테마를 시도해볼 수 있다. 또는 유명한 사람들의 인생이나 행동(124쪽 참조)에서 영감을 찾을 수 있다. 가끔 테마는 당신이 작업하고 있는 프로젝트의 측면에서 제안될 수 있다(다음의 예에서 보는 것처럼). 만일 그렇다면 그것을 실행하라.

유명한 테마 작품

테마는 프로젝트의 뒤에 있는 큰 아이디어를 묘사하는 매우 강력한 방법이며, 모든 종류의 부수적인 아이디어에 영감을 불어넣어 준다. 여기에 음악과 건축 그리고 문학을 이용한 특별한 테마를 보여주는 몇 가지 예가 있다.

❯ 영화음악 만들기

영화음악 작곡가들은 제목에서 영감을 떠올린다. 여러 편의 전쟁 영화 음악을 만든 론 굿윈(Ron Goodwin)은 이러한 기술에 뛰어났다. 영화 <633 폭격대(633 Squadron)>를 위하여 그는 633이라는 제목을 이용하여 빠른 6박자 뒤에 느린 3박자(1-2-3-4-5-6-1~2~3~)를 주요 리듬으로 사용하였다.

❯ 건축물 만들기

1956년에 지어진 할리우드에 있는 캐피털 레코드 빌딩(Capitol

Tower)은 세계 최초의 원형 오피스 빌딩이다. 캐피털 레코드 사의 사업은 레코드를 판매하는 것이었다. 그래서 빌딩 모양에 대한 영감은 턴테이블 위의 레코드판 더미처럼 심플하고, 극단적인 통일감을 주는 것이었다. 오늘날 원형 횡단면의 사무실 빌딩은 전 세계에 걸쳐 일반적인 모습이 되었다.

캐피털 레코드 빌딩
(출처: 위키피디아)

> ## 소설 쓰기

단순한 테마로부터 이야기가 만들어지는 책은 수없이 많다. 태국의 해변에서 영감을 받은 ≪비치(The Beach)≫와 같이 장소에서 영감을 받은 것도 있고, 베르메르(Vermeer)의 그림에서 영감을 받은 ≪진주귀걸이를 한 소녀(Girl with a Pearl Earring)≫와 같이 물건에서 영감을 받은 것도 있다. 극단적인 예로 프랑스의 조르주 페르크(Georges Perec)는 'e'라는 철자를 한 번도 사용하지 않고 ≪실종(La Disparition)≫이라는 소설을 썼다. 이것은 언어와 표현의 한계를 탐험하는 것이었다.

플랜 B 갖기

Having a Plan B

어떤 생각에 사로잡혀 있을 때, 사람들은 대부분 다르게 보이는 길은 관심을 두지 않는다. 하나의 큰 생각을 갖는 것은 흥분되는 일이지만, 몇 시간 또는 몇 분만이라도 '플랜 B(차선책)'를 숙고하는 것은 좋은 일이다. 혼돈 이론의 전문가인 수학자 제임스 요크(James Yorke)는 이것을 한마디로 이야기하였다. "가장 성공적인 사람은 플랜 B가 좋은 사람이다."

차선책 떠올리기

'플랜 B'를 떠올리는 것은 쉬운 일이 아니다. 당신이 아이디어에 사로잡혀 있거나, 일이 탄력을 받아 진행 중일 때 이것을 떠올리기는 정말 쉽지 않다. 플랜 B는 아이디어 작업을 할 때 매우 좋다. 하지만 종종 콘셉트(concept)를 심사숙고할 때나 그것의 결함을 찾고자 할 때는 정말 보이지 않는다. 플랜 B는 폴백(fall-back, 만일의 경우에 대비하는) 장치를 제공할 뿐만 아니라, 종종 주요 아이디어의 품질을 향상시킨다.

유용한 촉매제

어느 한 팀이 박물관에서 하는 새로운 과학 전시회를 홍보하기 위한 아이디어 회의를 하였다.

그들은 스텝들이 원자(atom) 모양의 옷을 입고 분자(molecule) 구조로 연결된 채 도시를 다니면서 홍보하자는 콘셉트에 매료되었다. 하지만 그들은 잠시 '플랜 B'를 떠올려보기로 하였다. 그 아이디어가 좋기는 했지만 일부에서는 첫 번째 아이디어를 선호하였기 때문에 이를 반대하였다. 그러다 그들은 10분 만에 기차 광고에 대한 새로운 아이디어를 생각해내었고, 그것을 더 선호하게 되었다. 결국 그들은 이 둘을 결합하였다. 열차의 객차를 원자 모양으로 꾸며 분자 모양으로 서로 연결하여 홍보하기로 하였다.

5장
그룹에서 창의적인 아이디어 만들기

창의적인 사고가 외로운 경험이 될 필요는 없다. 아이디어를 생성하기 위한 가장 효과적인 방법 중의 하나는 다른 사람과 생각을 공유하는 것이다. 커플이나 팀은 아이디어가 비행할 수 있는 에너지를 만들어준다.

　그러나 다른 사람과 창의적 아이디어를 만든다는 것은 또한 문젯거리가 있기 마련이다. 우리는 우리 삶의 많은 부분을, 함께하는 방법을 알고 있다고 생각하는 사람과 이야기하면서 보낸다. 슬프게도 이것은 진실과 거리가 멀다. 의견 차이와 감정이 폭발하면, 공격이나 적대적인 반응을 보이지 않고 '상자 밖에서' 생각한다는 것은 어려운 일이다. 이러한 상황에서는 새로운 아이디어를 이끌어내기 위해 외교적인 접근 방식을 개발하여야 한다. 이 장에서는 그룹이나 직장에서 아이디어 회의를 할 때 발생하는 일반적인 문제들을 살펴보고, 그것을 극복하는 구체적인 방법에 대해서 알아본다.

토론 개최하기

Holding discussions

올바르게 한다면 다른 사람과 아이디어를 교환한다는 것은 즐거운 일일 수 있다. 모든 사람들이 자신의 생각을 제공하는 데 편안함을 느낀다면 그럴 가능성이 가장 높다. 이 과정에서 문제가 발생하지 않도록 하기 위해서는 모두가 '안전하고 존중받는 느낌'을 받을 수 있도록 분위기를 만들어야 한다.

조심해야 할 장벽

당신은 창의적인 토론은 간단한 과정을 가져야 한다고 생각할 것이다. 한 사람이 아이디어를 내면 다른 사람이 끼어들고, 이러한 교류가 계속되어 모든 것이 종료되었을 때는 멋진 콘셉트가 도출된다고 생각할 것이다. 그러나 이러한 상황이 일반적으로 실제 생활에서 일어나기는 쉽지 않다.

진실은 모든 종류의 문제가 아이디어의 자유로운 교환을 방해한다는 것이다. 다음과 같은 요인이 가장 큰 장벽이다.

> **불안감**

당신은 아이디어를 입 밖으로 꺼내기 전까지는 그것이 채택될 것인지 도무지 알 수가 없다. "사람들이 비웃는 거 아냐?" 또는 "이 아이디어가 그들을 화나게 하는 건 아닐까?"와 같은 마음속의 불안감은 당신의 발표를 방해하기에 충분하다. 특히 자신감이 없는 사람들에게는 더욱 그렇다. "입을 열어 바보가 되느니 아무 말도 하지 않는 게 낫다"라는 생각이 들게 할 것이다.

> **신분**

많은 상황에서, 관련된 사람들은 다른 신분을 가지고 있다. 당신과 상사, 당신과 부하, 전문가와 초보자, 이러한 두 당사자들은 아이디어를 제공하는 데 있어 서로를 꺼려할 수 있다.

지위가 낮은 사람은 자신의 아이디어가 너무 순진(비전문적)하거나 심지어 무례한 것이라고 느낄 수 있다. 지위가 높은 사람은 혹시 자신의 아이디어가 수준이 낮아, 자신의 권위를 떨어뜨릴까 봐 아이디어를 말하려 하지 않는다.

> **상반된 견해**

의견이 다른 사람들과 공통되는 부분이 없다면 아이디어를 확장시켜나가는 것은 거의 불가능하다. 아이디어를 들을 때마다 당신은 그것을 거부하는 이유를 찾게 될 것이다. 마찬가지로 당신의 아이디어도 배척될 것이다. 공화당과 민주당이, 창조론자와 진화론자가 행복하게 의견을 나누는 것을 마지막으로 본 적이 언제인가? 그런 일은 일어나지 않는다.

> **생각의 속도**

사람들은 서로 다른 속도로 생각을 한다. 토론에서 한 사람이 아이디어를 이야기하면 다른 사람은 조용히 듣고 그것을 이해하고 형상화하면서 대화를 주고받는다. 그런데 이야기할 아이디어가 빨리 떠오르는 사람이 있는가 하면 생각하는 데 시간이 더 걸리는 사람도 있기 마련이다.

상호작용 방법 개선하기

다른 사람과 창의적인 공동 작업을 하는 경우, 몇 가지 방법으로 상호작용을 향상시킬 수 있다.

- 처음부터 생각에 대해 비판을 하지 않도록 한다(169쪽 참조). 그래서 누구나 아이디어를 내는 데 있어 비웃음을 받지 않고 안전하다고 느끼게 한다.
- 당신의 의견을 존중하는 좋은 청취자(파트너)를 선택한다.
- 개인적인 사고의 시간을 허용한다. 그래서 누구나 아이디어의 흐름을 함께 계속할 수 있도록 한다.
- 당신과 견해가 극단적으로 다른 사람은 선택하지 않는다.(그런 사람은 당신의 어떤 아이디어도 받아들이지 않을 것이다.)

아이디어 **교환**하기

Swapping ideas

다른 사람과 창의적인 토론을 할 때, 두 가지 역할을 하는 것으로 시간을 나눌 수 있다. 하나는 다른 사람에게 아이디어를 주는 시간이고, 다른 하나는 다른 사람의 아이디어를 받아들이는 시간이다. 당신은 효과적으로 아이디어를 생성하는 좋은 기회가 각 역할 내에서 작동할 수 있도록 하여야 한다.

창의적인 아이디어 주기

당신은 어떤 상황에서 다른 사람에게 당신의 아이디어를 말하는가? 어쩌면 당신은 당신 아이디어에 대한 다른 사람의 의견이 필요할 수도 있고, 다른 사람과 협력하여 창의적인 아이디어를 만들어야 하는 상황에 처할 수도 있다. 아니면 당신의 아이디어가 임원들에게 전해질 수 있도록 상대방을 설득해야 하는 상황에 처할 수도 있다. 이러한 각각의 상황들을 '아이디어 주기(idea-giving)'라고 한다. 나아가 이러한 상황 속에서 창의적 결과물을 이끌어내기 위해서는 다음과 같은 다양한 대화 전술이 필요하다.

당신의 아이디어를 테스트할 때

당신이 무엇을 찾고 있는지 동료에게 알려주어라. 당신은 도움이 필요하기 때문에 다른 사람에게 아이디어를 말하는 것이다. 당신이 세계 여행을 위해 직장을 그만두기로 마음먹었을 때, 마지막에 듣게 될 말은 "미쳤어? 이건 네 경력을 나쁘게 할 뿐이야!"이다. 그러니 생각을 말하기 전에 다음처럼 당신에게 필요한 것이 무엇인지 분명하게 말해주어라. "나는 휴식이 필요해. 내 결정이 올바른 이유를 몇 가지만 말해줘."

다른 한편으로는, 아이디어를 테스트하고 건설적인 비판을 찾을 수도 있다. 아이디어가 아직 설익은 것이라면, 청중들로부터 아이디어에 대한 충고와 개선 방향에 대한 제안을 요청할 수 있다.

다른 사람들과 공동으로 아이디어 작업을 할 때

시작할 때 몇 가지 규칙을 정해야 아이디어의 흐름을 자유롭게 만들 수 있고, 사람들이 토론의 요점에 집중할 수 있다. 초기 단계에서 가져야 할 가장 간단한 규칙은, 모든 사람들이 어떤 평가 없이 아이디어를 개진해야 한다는 것이다. 이 규칙을 시작할 때 설정하지 않으면, 사람들이 모두 너무 빨리 비판을 하고, 각자 자신의 아이디어만을 주장하려는 위험에 빠지게 된다.

사람들은 자연스럽게 다른 사람의 아이디어보다는 자신의 아이디어에 더 관심이 많다. 당신의 아이디어를 다른 사람들이 모두 들었거나 기록하였다고 가정하지 마라. 당신의 아이디어 중 받아들이기(이해하기) 힘든 것이 있다면 사람들은 그것을 메모할 것이다. 마찬가지로 당신도 그렇게 하여야 한다.

다른 사람에게 아이디어를 판매할 때

당신은 당신 아이디어의 장점을 확신하겠지만, 구매자는 그렇지 않다. 어떻게 하면 의심 많은 구매자에게 뭔가를 판매할 수 있을지를 생각해야 한다.

① 먼저 당신의 아이디어가 그들의 문제 해결에 도움이 된다는 것을 강조하고 그들의 주의를 끄는 것이 필요하다.
② 그런 다음 아이디어로 할 수 있는 일과 이익을 이야기한다.
③ 마지막으로, 완성된 문서로 설명하기보다는 그것을 적용하여 구축한 다른 사람의 예를 보여준다.

일반적으로 사람들은 창작 과정에 자신을 참여하게 하여 어떤 소유권을 느끼게 하면, 아이디어를 더 잘 받아들인다.

창의적인 아이디어 받기

어쨌든 아이디어 제공자로서 우리들 모두는 "이 아이디어는 정말 창의적이다"라고 말하면서 자신의 아이디어를 옹호할 것이다. 그러나 더 중요한 것은 '아이디어 받기(idea-receiving)'이다.

아이디어를 생성하는 데 있어 다른 사람의 도움이 필요한 경우, 친구나 동료들의 생각이 당신의 일에 도움이 되는 재료를 충분히 제공하는지 여부를 판단할 수 있어야 한다. 여기 창의적인 아이디어를 받기 위한 몇 가지 팁이 있다.

당신이 필요로 하는 것을 말하라

문제를 명확히 설명하고, 도움이 필요한 부분을 말하라. 그렇지 않다면 어떻게 그들에게 적합한 아이디어를 기대할 수 있겠는가? 이 점은 너무나 뻔한 소리지만 당신은 종종 다른 사람들에게 의견을 구할 때, 그들에게 어떤 대답을 원하는지 명확하게 설명하지 못해 결국 아무 의견도 듣지 못할 때가 있다. 청취자가 최대한으로 의견 제시를 할 수 있도록 당신의 문제를 명확하게 설명하라.

모든 제안을 받아들여라

아이디어의 기준을 너무 높게 정하지 마라. 아이디어를 주는 사람이 그 기준을 안다면 스스로를 제어하기 때문에 당신은 아무 제안도

얻지 못할 수도 있다.

작은 규칙, "엉뚱한 생각도 좋습니다. 어떤 아이디어라도 좋으니 의견을 주십시오"와 같은 것으로 시작하면 아이디어를 얻는 데 도움이 된다. 아이디어를 주는 사람을 편안하게 하기 위해서 의도적으로 가볍거나 바보스런 아이디어를 예로 들 수도 있다. 그러면 당신의 청취자는 더 좋은 것을 할 수 있다는 자신감을 갖게 되어, 자신의 의견을 제공할 가능성이 더 높아진다.

항상 응답하라

아이디어를 제공 받을 때마다 그것을 인정하고 가급적이면 건설적인 피드백으로 응답해주어야 한다. 그렇지 않으면 아이디어 제공자는 자신의 의견이 잘못되었거나 당신이 관심이 없다고 생각하게 된다. 이것은 내가 생각하는 아이디어 교환의 황금률이다. 하지만 안타깝게도 많은 사람들이 이를 종종 어긴다.

나는 효과적인 '고객 소리함'의 예를 BBC 녹음 스튜디오에서 발견하였다. 이메일이 발달되기 전에 각각의 스튜디오에는 사용자들이 설비에 대해 언급하거나 개선 방안에 대한 의견을 제안할 수 있는 일명 '고객 소리함' 노트가 제공되었다. 그 노트는 많은 의견들로 넘쳐났다. 그 이유인 즉 피드백을 주는 원칙이 있었기 때문이다. 어떠한 의견이든지 간에 손으로 직접 쓴 답변이 24시간 이내에 제공되었다. 간단하게라도 다음과 같은 피드백이 주어졌다.

"감사합니다. 이것은 복잡한 문제입니다. 저희는 이에 대한 해결책을 찾고 있는 중입니다."

사람들은 본인의 의견이 중요하게 여겨진다고 느꼈기에 그들의 제안은 계속되었다.

만약 모든 아이디어에 대해 응답할 수 없다면, 적어도 다른 사람들에게 당신이 처리할 수 있는 피드백이 얼마나 되는지를 알려주어야 한다.

내가 한때 일했던 어느 회사에서는 '자발적 아이디어 상자'가 있었다. 이 상자는 모든 직원들이 사용할 수 있게끔 제공되었다. 이 아이디어 상자에 넣은 아이디어는 심지어 익명으로 되었을지라도 CEO가 직접 읽게 될 것이라고 약속했다. 피드백을 원하는 사람들에게는 조금 더 형식적인 제안서 제출 경로가 있었다. 이 '자발적 아이디어 상자'는 최소한 형식적 제안서 제도만큼의 인기가 있었다.

 좋은 충고에서 이익을 얻으려면, 그것을 주는 것보다 더 많은 지혜가 요구된다.
To profit from good advice requires more wisdom than to give it
- 윌슨 마이즈너(Wilson Mizner, 극작가, 1876~1933)

큰 그룹에서 아이디어 만들기

Working in large groups

단체로 친구들과 저녁 식사 장소를 정할 때의 고충을 느껴본 적이 있다면, 당신은 다수의 사람들과 의견을 조율한다는 것이 쉽지 않다는 것을 알 것이다. 이러한 상황에서는 사람들을 소그룹으로 나누고, 모든 사람들이 의견을 제안할 수 있는 분위기를 만들어야 한다.

그룹 사고의 위험

동일한 문제가 일반적인 업무 미팅이나 가족회의 등 어떤 그룹에서도 일어날 수 있다. 누구나 의견을 가지고 있고, 두세 사람이 동시에 말할 수도 있고, 어떤 사람은 듣지 않을 수도 있다. 그리고 그들 중 대부분은 어떤 다른 사람이 결정을 내릴 것을 바란다. 일반적으로 지루할 정도의 평범한 결과가 도출되고, 사람들은 괜한 분란을 일으키고 싶지 않아 마지못해 그 의견을 따라간다.

큰 그룹에서, 두세 명의 사람이 거의 모든 대화를 지배하는 경향이 있다. 나머지는 다수에게 아이디어를 제공한다는 불안감 때문에 또는 다른 사람의 말 중간에 끼어들 기회를 얻지 못해 침묵을 고수하게 된다.

안전하게 아이디어를 제공하는 법

큰 그룹을 작은 그룹(2개의 그룹 혹은 2명씩 5쌍의 그룹)으로 나눈다. 2명씩 5쌍의 그룹은 10명의 한 큰 그룹보다 더 많은 아이디어를 공유할 수 있다. 게다가 모든 사람들은 작은 그룹 내의 한 사람에게 아이디어를 제안하는 것이, 10명의 그룹에서 아이디어를 제안하는 것보다 더 쉽다고 느낀다. 또한 다른 그룹에서도 같은 문제에 대한 아이디어를 끌어내고 있다는 사실 자체가 사람들에게 약간의 경쟁심을 불러일으켜 아이디어 제안을 더 촉진시킬 수 있다.

그룹 관리하기

그룹 토론의 진행자라면, 모든 사람이 참여할 수 있도록 다음과 같은 팁을 이용해보라. 당신은 곧 아이디어가 활기차게 오가며 토론이 벌어지는 것을 보게 될 것이다.

> **사람들이 긴장을 풀고 편안함을 느끼도록 가벼운 이야기부터 시작한다.**

어색한 분위기를 깰 수 있는 농담이나 날씨, 사소한 일상 이야기 등을 꺼내면 좋다. 예를 들어 각각의 사람들에게 다음과 같은 간단한 오프닝 질문을 할 수 있다.

"지난주에 가장 재미있었던 일은 무엇이었습니까?"

또는 사람들이 토론에 관심을 갖도록 다음처럼 말할 수 있다.
"이 토론에서 가장 하고 싶은 말은 무엇입니까?"

> **토론 시작에 앞서 먼저 좋지 못한 아이디어를 제안해보고, 그룹 앞에서 그 아이디어가 얼마나 형편없는지 인정한다.**

그렇게 함으로써 참여하는 토론자들에게 어떤 아이디어라도, 심지어 바보스러워 보이는 아이디어라도 제안을 환영한다는 분위기를 만든다. 그러면 사람들은 그들의 아이디어를 제안하는 데 있어 더욱 더 자신감을 갖게 될 것이다.

> **익명을 허용한다.**

모든 사람이 아이디어와 관련해서 자신의 이름이 알려지고 주목받기를 바라는 것은 아니다. 특히 그것이 하나의 논쟁거리일 때는 더욱 그렇다. 사람들이 자신의 아이디어를 큰 소리로 말하게 하기보다는 종이쪽지에 적어 상자에 넣도록 하여 수집한다. 또는 포스트잇을 주어 그들의 아이디어를 벽에 붙이도록 한다.

> **토론자들의 적극적 참여를 원한다면, 제안 순서를 정해야 한다.**

모든 참여자들에게 아이디어를 제안할 수 있는 기회를 제공하라. 말을 하지 않는다고 해서 제안할 아이디어가 없다는 것으로 가정하지 마라. 하지만 반대로 아무것도 제안할 것이 없다고 말하는 참여자 또한 존중해야 한다.

브레인스토밍

Brainstorming

노벨상 수상자인 라이너스 폴링(Linus Pauling)은 "좋은 아이디어를 얻는 가장 좋은 방법은 아이디어를 많이 가지는 것이다"라고 하였다. 아이디어를 점화하는 가장 강력한 도구 중의 하나는 창의적인 사고를 극대화하기 위한 '브레인스토밍(brainstorming)' 기술이다.

브레인스토밍의 규칙

사람들은 아이디어를 생성하는 어떤 미팅에서든 브레인스토밍이라는 말을 사용한다. 하지만 진정한 브레인스토밍은 1930년대 미국의 광고회사 부사장이었던 알렉스 오스본(Alex Osborn)이 자신의 회사에서 사용하기 위해 만든 다음과 같은 4가지 주요 규칙을 말한다.

> **아무것도 비판하지 마라.**

아이디어가 생성되는 동안 모든 아이디어는 기록되어야 한다. 비판적인 의견은 허용되지 않으며, 어떤 아이디어라도 거부되지 않는다.

> **아이디어의 질이 아니라 양이다.**

10개의 좋은 아이디어보다 100개의 엉뚱한 아이디어를 목표로 해야 한다. 이것의 숨은 뜻은 오스본이 말했듯이 "새로운 아이디어를 떠올리는 것보다는 와일드 아이디어(wild idea)*를 수정하기가 더 쉽다"라는 뜻이다.

> **마음대로, 가는 대로 내버려둬라.**

브레인스토밍이 시작되면 토론의 방향이 어디로 가든 그것이 자유롭게 진행될 수 있도록 내버려 둬야 한다.

> **더 강력하게 만들어라.**

성공적인 브레인스토밍은 사람들이 다른 사람의 아이디어를 듣고 그것을 더 강력하게 구축하는 것이다. 만약 당신이 아이디어를 듣고 "좋아요. 그리고…"라고 응답한다면 그것은 당신이 아이디어를 더 강력하게 만들고 있다는 증거이다.

세션 구성하기

브레인스토밍은 사람의 숫자에 상관없이 수행할 수 있다. 심지어 당신이 원한다면 당신 자신과도 할 수 있다. 그러나 세션(session,

---

* 다른 사람의 아이디어를 자극하는 촉매 역할을 하는 엉뚱한 아이디어.

특정 활동을 위한 시간)을 구성할 필요가 있다. 그렇지 않으면 사람들은 그들이 무엇을 해야 하는지에 대해 혼란스러워 할 것이다.

일반적인 문제는 한 사람이 아이디어를 제공하고 다른 사람은 그것을 묵살한다는 것이다. 그러고는 열띤 토론을 벌이다가 마침내 누군가가 "도대체 우리가 실제로 해결하고자 하는 것이 무엇이야?" 하고 소리치고 만다.

아래의 표에서 보여주는 **PIE 원칙**은 어떤 창의적인 생각의 세션에서도 사용할 수 있는, 하나의 간단한 구조이다.

이 구조는 3단계로 되어 있다. 당신은 별도의 단계를 유지하여, 특정 작업에 대해 사람들의 마음을 집중시킬 수 있다. 이와 같은 방법으로 모든 사람의 에너지가 자신의 역할에 대한 걱정보다는 아이디어를 떠올리는 데 집중할 수 있게 할 수 있다.

문제 P (problem)	무엇에 대한 아이디어를 원하는지 이야기하고, 동시에 미팅을 위한 규칙을 설정하는 것부터 시작한다. 그렇지 않으면, 사람들은 해야 할 일이 무엇인지에 대해서 제각기 다른 시각을 가지게 될 것이다.
아이디어 I (ideas)	원하는 아이디어가 무엇인지 동의를 구했다면, 다음은 비판 없이 모든 아이디어를 허용하는 브레인스토밍 단계이다.
평가 E (evaluation)	이 단계는 브레인스토밍된 아이디어에 대해서 건설적인 비판을 하고 가장 가능성이 있는 아이디어를 선택하는 단계이다.

개인적인 차이가 있을 때

When differences get personal

개인적인 차이가 생겼을 때 좀 더 창의적으로 해결하려면 많은 대화를 해야 한다. 욕설과 인신공격은 토론장을 혁신의 온상이 아니라 혼란스럽고 시끄러운 정신병원으로 만들어, 결국 소음 속에서 아이디어를 잃게 한다. 하지만 당신은 상황이 너무 나빠지기 전에 이를 진정시킬 수 있다.

언어의 전쟁

어떻게 언쟁이 일어나는가? 종종 분쟁은 토론자들이 채택되지 않는 자신의 아이디어를 밀어 붙이려고 하기 때문에 일어난다. 뿐만 아니라 그들은 강제적으로 자신의 의견을 발표하려 하고, 너무 자주 다른 사람의 아이디어를 비꼬고 비난한다. 아이디어를 죽이는 논쟁에서 무슨 아이디어가 샘솟기를 기대할 수 있겠는가? 다른 사람들의 적대적이고 무시하는 반응은, 자기비판보다 훨씬 더 사람들로 하여금 아이디어를 제공하는 것을 주저하게 만든다. 그리하여 그들의 창의적인 불꽃을 소멸시킨다.

아이디어 죽이는 법

아래 그림은 악순환이 어떻게 시작되는지를 보여 주는 예이다. 이 모든 것은 아주 빨리 일어날 수 있다.(이 이미지는 45쪽에 있는 스스로 만드는 '불안감에 대한 악순환의 고리'를 생각나게 한다.)

베키는 오직 부정적인 측면만 보고 앤디에게 아이디어를 준다. 그래서 앤디는 그것을 거부한다. 베키는 앤디의 반응에서 모욕감을 느낀다. 마음의 상처를 회복하기 위해서 베키는 앤디의 다음 아이디어에서 결점을 찾는다. 앤디는 차례로 또 복수를 하며, 토론은 갈등의 상황으로 빠져들게 된다.

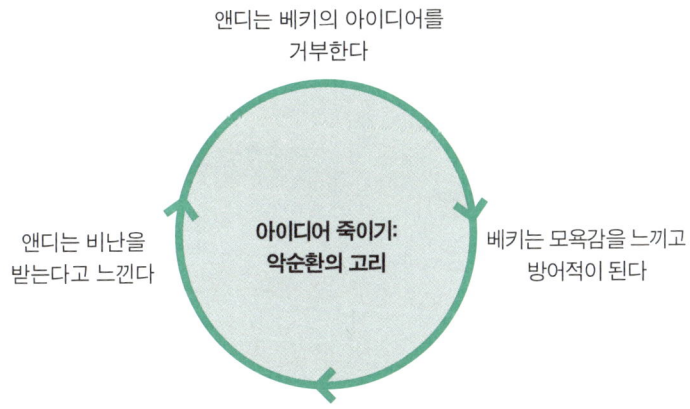

이 악순환의 고리는 가정이나 직장 등에서 하지 말아야 할 상황에서 자주 일어난다. 이것 때문에 얼마나 많은 사람들이 말다툼을 시작하는지 모른다.

궤도에 다시 올려놓기

'아이디어 죽이기(idea-killing)'의 대화에 빠져 있는 당신을 발견하였다면, 악순환의 고리를 깰 수 있는지를 확인해야 한다. 당신은 창의적인 토론의 기본 규칙 중 하나를 기억할 필요가 있다.

"사람들이 자신감과 지지받고 있다고 느끼게끔 분위기를 만들어라. 주눅 들게 하지 말고!"

이 작업을 수행하는 쉬운 방법은 상대방 아이디어의 좋은 점을 칭찬 또는 인정하는 것이다. 누군가가 아이디어를 제공하면 바로 좋은 점을 선택하여 "그거 좋은 생각입니다. 그리고 당신이 할 수 있는 일은…" 또는 "좋습니다. 그것은 … 때문에 도움이 될 것 같습니다"와 같은 말로 아이디어를 구축해나간다. "좋습니다. 그리고…"라는 말로 시작하는 응답은 창의적인 사고를 장려할 수 있는 강력한 방법이다.

주목할 만한 것은 이것을 실행하면 아이디어를 죽이는 '악순환의 고리'를 아이디어를 구축하는 '선순환의 고리'로 바꿀 수 있다는 것이다. 비밀은 간단하다. 다른 사람의 아이디어에 긍정적인 반응을 하면 된다. 그러면 그들도 차례로 당신의 아이디어에 긍정적인 반응을 보여줄 것이다.

아이디어 구축하는 법

아래 그림은 아이디어가 자유롭게 흐르는 선순환의 구조를 생성하는 방법을 보여준다. 반응은 처음부터 긍정적으로 해야 한다는 것을 염두에 두어라.

베키는 마음에 완전히 들지는 않지만, 긍정적인 부분에 초점을 맞추어 앤디에게 아이디어를 준다. 앤디는 이 점에 초점을 맞추어 "좋아, 그리고…"라고 말한다. 베키는 앤디의 반응에서 용기를 얻고, 그의 아이디어를 더 잘 받아들인다. 베키는 앤디의 다음 아이디어에 긍정적으로 응답한다. 이제 둘 다 새로운 아이디어와 해결책을 찾는 선순환의 구조에 놓이게 된다.

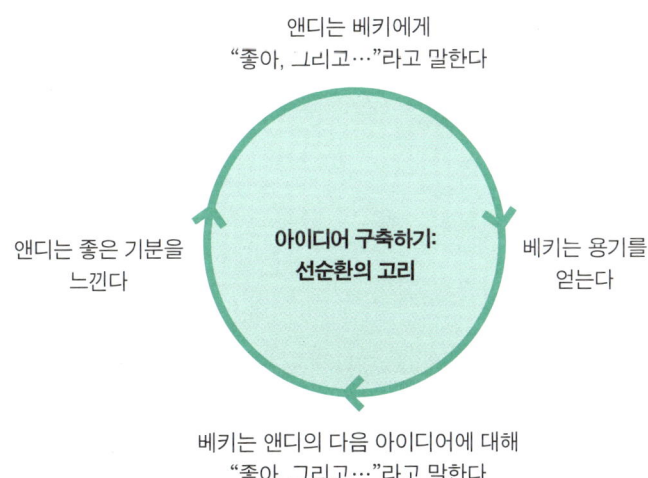

제시하지 말고 **제안하기**

Suggest, don't propose

    토론을 할 때 사람들이 긴장을 하고 있으면, 아이디어를 주는 당신의 방법에 따라 생각을 펼치기도 하고 적대적인 거부 반응을 보이기도 한다. 당신이 아이디어를 단정적으로 '제시'한다면, 그들은 방어적인 자세를 취하게 되어 아이디어의 손실을 가져온다. 하지만 아이디어를 부드럽게 '제안'한다면, 그들에게 생각을 더 많이 추가할 수 있는 공간을 마련해주게 되어 아이디어의 확장을 가져올 수 있다.

아이디어 제안하기

    심리학자들은 단정적으로 아이디어를 말하면 듣는 사람은 그것을 거부할 가능성이 크다고 말한다. 피터 허니(Peter Honey)는 그의 책 ≪Improve Your People Skills(인간관계 개선법)≫에서 질문 방법을 다르게 했을 때 사람들이 어떻게 아이디어를 제공하는지 실험을 통해 설명하였다.

- **제시**(Proposing) – "당신이 해야 할 것은…"처럼 진술서와 같이 딱딱하게 아이디어를 주는 경우

- **제안**(Suggesting) – "나는 만약 …이라면 어떨지 궁금해"처럼 질문이나 반응을 권유하면서 부드럽게 아이디어를 주는 경우

실험은 사람들이 아이디어를 받는 방법에 따라 어떻게 반응하는지를 관찰하였다.

결과는 놀랄 만하였다. 아이디어를 '제시'의 형태로 주었을 때 참가자의 거의 절반이 회의적이고, 아이디어를 말하는 데 어려움을 표현하였다. 그러나 같은 아이디어를 단순히 '제안'의 형태로 주었을 때는 5명 중 1명만이 어려움을 표현하였다. 부드럽게 아이디어를 제안하였더니 참가자들이 아이디어를 말하는 것이 거의 두 배로 늘어났으며, 부정적인 반응도 반으로 줄었다.

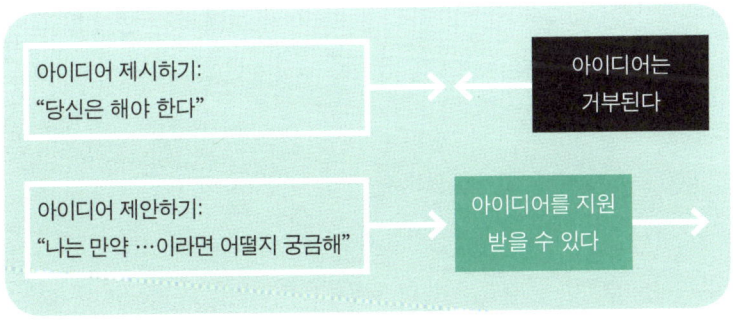

올바른 단어 선택하기

앞의 그림이 보여주는 것처럼, 아이디어를 단순히 제안하면 사무적으로 제시할 때보다 사람들이 더 잘 받아들이고 개발할 가능성이 높다. 다른 사람과의 토론을 통해, 아이디어를 제시받는 방법에 따라 사람들의 반응이 어떻게 달라지는지를 관찰해보라.

누군가에게 아이디어를 제시할 때, 거부당할 것 같은 생각이 든다면, 아래와 같은 단어로 말을 꺼내지 않았는지 생각해보라.

- 당신이 해야 할 것은…
- 난 당신이 그렇게 해야 한다고 생각한다.
- 가장 좋은 아이디어는 …하는 것이다.
- 내가 당신이라면 이렇게 할 것이다.

만일 그렇다면 당신의 아이디어를 제안의 형태로 바꿔보라. 가능하다면 당신에 관한 참고 자료를 꺼내어, 개인적인 생각을 개입시키지 말고 제안하라. 다음의 예처럼…….

- 그것을 할 수 있을지 궁금해요.
- 혹시 여러분 중에 이런 생각을 해보았나요?
- 나는 우리가 할 수 있는 일이 무엇인지 추측할 수가 없어요.
- 만약 …했다면 어땠을까요?

세 가지 **긍정적인 점** 찾기

Finding three positives

50쪽에서 언급한 것처럼, 대부분의 사람들은 다른 사람의 아이디어에서 장점을 보기 전에 단점을 찾으려 하는 경향이 있다. 이미 분위기가 긴장되어 있다면 이 비판적인 태도는 상황을 악화시킬 것이다. 이러한 비판적인 태도를 없애려면, 아이디어에서 세 가지 긍정적인 점을 찾아서 진행하라.

상대방 아이디어의 긍정적인 점을 인정하라

새로운 아이디어를 거부하는 것은 정상적인 반응이다. 특히 그 아이디어가 당신의 가치와 깊이 관련된 문제라면 더욱 그렇다. 불행하게도, 그렇게 하여 당신은 변화를 수용하지 않으려는 신호를 내보내게 된다. 결과적으로 당신은 아이디어 탐험의 길을 차단하고, 다른 사람의 자존심까지 짓밟게 된다.

자신의 아이디어가 짓밟히는 것을 즐기는 사람은 아무도 없다. 그래서 사람들은 방어적인 태도로 반응하는 경향이 있다. 특히 문제에 대해 확고한 견해를 가지고 있을 때는 더욱 그렇다. 이럴 경우 당신은 앞에서 설명한 '아이디어 죽이기' 논쟁의 일종으로 빠져들 위험이 있다. 이런 일이 일어나는 것을 막으려면 심호흡을 한 후 긍정적인 측면을 살펴보아야 한다.

누군가가 아이디어를 제공할 때 당신이 적대감을 느낀다면, 부정적인 말을 꺼내기 전에 의도적으로 그것에 관한 세 가지 장점을 찾아보라. 당신이 부정적인 평가보다 긍정적인 평가를 더 많이 한다면, 사람들은 당신이 그들의 아이디어를 상당히 심사숙고하고 있다고 안심하게 된다. 그래서 당신의 아이디어를 더 쉽게 받아들일 가능성이 높아진다.

긍정으로 건설적인 대화를 이끄는 방법

아마도 아이디어의 한 가지 긍정적인 요소는 비교적 쉽게 찾을 수 있겠지만, 두 번째와 세 번째 긍정적인 요소를 찾는 데는 종종 어려움을 느낄 것이다. 다음은 세 가지 긍정적인 요소를 모두 포함하여 대화할 수 있는 방법이다.

> **사람 A:**
>
> "당신이 해야 할 것은…"

> **사람 B:**
>
> (몰래 혀를 깨물며)
>
> "내가 당신의 제안에서 마음에 드는 부분은 …과 …이고

그 부분은 …한 긍정적인 결과를 가져올 것이다.
하지만, 만약 …한 부분을 제외하고 생각해본다면 어떨까?"

이러한 대화 방식의 성공을 위해서는 사람 B에게 더 많은 책임이 요구된다. 우선 긍정적 요소들을 인정하고 비판적 의견을 제안하는 이러한 대화 형식을 이끌 때에는 큰 용기가 필요하다. 특히 당신이 생각하는 아이디어의 장점 중 한 부분에 대해 간접적인 비판을 해야 할 때에는 더욱 더 그렇다. 하지만 먼저 세 가지 긍정적인 점을 인정한 후에 건설적인 비판을 시작한다면, 사람 B가 사람 A의 감정을 상하게 하는 일은 일어나지 않을 것이다. 나아가 이러한 대화 방식은 오히려 모두가 동의하는 대안의 아이디어를 발견하는 데 도움을 줄 수 있다.

결혼식 계획하기

다음은 먼저 상대방 아이디어의 긍정적인 요소를 인정한 후 비판적 아이디어를 제안하는 방식을 따른 대화의 예이다. 결혼식에 관한 아이디어를 꺼내는 것은 누구에게나 아주 민감한 사항이다.

딸: 엄마, 이제 제 결혼식에 대한 계획을 세워볼까 해요.

엄마: 나는 네가 우리가 다니는 교회에서 결혼식을 했으면 한다. 그곳이 너와 관계된 모든 사람들이 올 수 있는 완벽한 장소 같구나.

딸: (마음으로는 도시 외곽의 소박한 결혼을 꿈꾸면서)

"저는 교회가 영적인 행사를 치를 수 있고, 저와 가까운 친지들이 참석할 수 있다는 점에서 마음에 드네요. 저희는 결혼식 장소의 의미에 초점을 맞추고 싶어요."

이제야 비로소 그녀는 자신의 솔직한 의견을 말할 수 있다.

"하지만, 예비신랑인 피터와 저는 전통적인 종교적 결혼식을 원하지 않고 우리 둘 다에게 의미가 큰 장소에서 식을 올리고 싶어요."

이 시점에서는 엄마의 아이디어가 받아들여지지 않았음을 알 수 있다. 하지만 최소한 그 과정에서 딸은 그녀가 찾고 있는 결혼식장의 기준에 대해 명확히 알게 된다. 엄마의 아이디어 중 긍정적 요소들을 되돌아 보며 그녀가 받아들일 수 있는 몇 가지 요소를 찾을 수 있다. 또한 이러한 공정한 대화 방식에서는 딸이 엄마의 감정을 최대한 배려하며 대화를 주도하였기에 엄마는 딸의 최종 결정을 더 긍정적으로 받아들일 수 있을 것이다.

제3의 길 찾기

Looking for a third way

성공적인 협상의 본질은 모든 사람들이 받아들일 수 있는 해결책에 도달하는 것이다. 타협점을 찾아야 하는 경우 모두가 좋아하고 만족하는 것을 찾아야 한다. 하지만 누구나 환호하는 절충안이 나오지 않을 때가 있다. 이 경우 관련된 모든 사람들이 동등하게 매력을 느낄 수 있는 새로운 아이디어가 필요하다.

합의점 찾기

지구 평화와 전쟁 방지 대책을 위한 각국 지도자들의 외교 모임에서 토론은 필수적이다. 이러한 협상에서 정책에 큰 차이가 있는 두 나라의 공동 기자회견을 들어보면, 각국의 지도자나 대변인들은 그들이 합의한 점을 강조한다는 것을 알 수 있다.

공통점을 찾는 것은 국제 정치에서와 마찬가지로 개인 간의 일에서도 적용이 된다. 당신 자녀들이 여행을 가는 일로 전 배우자와 논쟁하는 경우, 혹은 무슬림과 기독교인의 결혼 의식을 결정하는 경우 공통점을 찾는 것은 필연적인 목표이다.

이러한 상황에서 새로운 아이디어를 만들어내는 한 가지 방법은, 목표를 정의하고 합의한 후 시작하는 것이다. 두 사람이 공통적으로 달성하고자 하는 것은 무엇인가? 어떤 문제들이 각자에게 중요한가? 일단 토론에 대한 이런 프레임워크를 가지고 있으면 그 목표를 충족시킬 아이디어를 생각할 수 있다.

블랙도 화이트도 아닌 옐로

물론, 무난한 타협점을 찾다보면 누구도 만족하지 않는 결론에 도달할 위험이 있을 수 있다. 사실 타협의 냉소적인 정의는 '두 바보 사이에 머무르는 것'이다. 만약 당신이 '블랙(black)'이라는 아이디어를 생각하고, 다른 사람이 '화이트(white)'를 생각한다면 절충안으로 '그레이(grey)'를 떠올릴 수 있다. 그러나 두 당사자를 흥분시킬 수 있는 창의적인 해결책으로 '옐로(yellow)'라는 새로운 아이디어를 생각할 수도 있다.

흑백논리에 감정이 개입할 때는 대단히 위험하다. 예를 들면, 이혼한 부부는 아래의 표에서 서술한 갈등의 종류에서 자신들의 모습을 찾을 수 있을 것이다. 당신은 진짜 문제가 무엇인지 정의하고, 곤경의 상황을 우회하기 위해 3장에서 설명한 '수평적 사고' 기술의 일부를 이용하여, '옐로'의 상태에 도달할 수 있다.

아버지의 시각(블랙)	"아이들은 나와 함께 모든 주말을 보내야 한다!"
어머니의 시각(화이트)	"아이들은 나와 함께 모든 주말을 보내야 한다!"
타협(그레이)	"주말마다 번갈아가면서 아이들을 만나도록 하자."
실제 문제	두 부모 모두 각자 아이들과 함께 해오던 활동을 하고 싶어한다.(축구 및 발레)
창의적인 해결책(옐로)	아이들이 무엇을 원하는지 들어본다. 아이들이 참석하고 싶어 하는 행사의 종류에 따라 아버지 아니면 어머니와 아이들이 함께 보내는 시간표를 각 학기가 시작할 때마다 만든다.

유머의 힘

Seeing the funny side

유머는 어려운 아이디어를 이해시키는 데 가장 효과적인 방법 중의 하나이다. 그것은 분위기를 밝게 하고, 사람들로 하여금 자신의 의견을 방어하거나 감정을 보호하기 위한 압박감에서 벗어나게 해준다. 그리고 28쪽에서 설명한 것처럼 웃음(하하! 반응)은 창의적인 아이디어를 위한 주요한 방아쇠 중의 하나이다.

농담 속에 진담이 있다

가장 진심 어린 의견의 일부는 코미디로 표현할 수 있다. 코미디는 중세 시대 법원 어릿광대의 역할 중의 하나였다. 신분이 낮은 어릿광대는 신분이 높은 사람들이 결코 용인할 수 없었던 완전한 진실을 말할 수 있었다. 조지 버나드 쇼(George Bernard Shaw)는 이 점을 인식하였다. 그는 이렇게 말했다. "사람들에게 진실을 말하고 싶다면 그들을 더 웃게 만들어라. 그렇지 않으면 그들은 너를 죽일 것이다."

공식적으로 자신의 아이디어를 말하는 데 너무 수줍어하는 사람들은 종종 마음이 가벼울 때 더 쉽게 말을 한다. 하지만 농담을 할 때는 주의를 하여야 한다. 농담의 당사자보다 사람들이 더 많이 웃고 있는지 확인해야 한다. 만일 그들이 농담(비웃음)의 대상이 된다면, 그들은 말을 꺼내는 것을 주저하게 될 것이다.

메시지를 전달하기 위해서 유머를 사용할 수 있는 몇 가지 방법이 여기에 있다.

반대로 이야기하라

'역발상' 아이디어의 기술(96쪽 참조)은 새로운 영감을 생성할 수 있게 도와준다. 또한 민감한 주제에 대해 가벼운 마음으로(하지만 때로는 직설적인) 토론을 할 수 있게 한다.

바보 같은 아이디어를 사용하라

164쪽에서 본 바와 같이, 사람들에게 그들의 아이디어에 대한 자신감을 주고자 한다면, 당신이 먼저 바보 같거나 실없는 아이디어를 제안하면 된다. 더 나아가 듣는 사람들에게 더욱 더 웃기거나 비정상적인 아이디어가 없는지 물어봐도 좋다. 이러한 웃음 바다의 분위기 속에서 사람들은 기막힌 아이디어를 떠올릴지도 모른다.

> **반대로 말하기 게임(The Opposites game)**
>
> '반대로 말하기 게임'은 특히 직장에서 유용하다. 흔히 차장급 직원들은 더 나은 사내 의사소통 방법의 필요성에 대해 불만을 토로한다. 하지만 그들이 "어떻게 하면 더 나은 의사소통 방법을 만들 수 있을까요?"라는 질문을 던진다면 임원진들의 묵묵한 침묵만이 돌아올 것이다. 이 경우 "어떻게 하면 더 안 좋은 의사소통 방법을 만들 수 있을까요?"라고 반대로 질문을 던진다면 임원진들의 웃음을 자아낼 수 있을 것이다. 이러한 '반대로 말하기 게임'은 의사 소통이 부재한 조직일수록 더욱 효과적이며, 안전한 방법으로 문제 제기를 할 수 있는 효과적인 방법이다.

역할 놀이

역할 놀이(Role-Play)는 또다른 유용한 기술이다. 만약 '당신'이 하는 것이 아니라면 조금 불편한 아이디어라도 더 쉽게 제안할 수 있다. 나는 세 살짜리 딸에게 내가 직접 말을 하는 것보다 손가락 인형 버티(Bertie)를 사용하여 말을 전달하였을 때 종종 더 큰 성공을 거두었다. 딸아이에게 양배추를 권하면 아이는 쉽게 이를 거부한다. 하지만 버티가 양배추를 먹을 것을 제안하면 그녀는 종종 말을 따르거나 적어도 양배추를 먹지 못하는 이유를 설명한다. 당신은 아마 나와 같은 방법으로 어른들에게 손가락 인형을 사용하는 것은 좀 더 신중하게 생각해볼 일이다. 하지만 이토록 웃음을 자아내는 대화 방식은 어떠한 경우에서도 아이디어 교환을 원활하게 만들 것이다.

6장
무언가를 만들어내기

하나의 창의적 아이디어를 떠올리는 것은 중요하다. 하지만 그 아이디어로 아무런 일이 일어나지 않는다면 그것은 그냥 또 하나의 아이디어로 남을 뿐이다. 일단 아이디어가 떠오르면 그것에 대해 좀 더 깊은 생각을 한 후, 실행에 옮겨야 한다.

새로운 프로젝트를 진행하는 것은 부담스러운 일일 수 있다. 당신은 마감 시간에 대한 압박을 느낄 수 있고, 아니면 시작은 좋더라도 추진력을 잃은 중간 지점에서 나아가지 못하고 머뭇거리게 될지도 모른다. 그리고 또 이 모든 것이 잘못된다면 어떻게 되는가?

이 장에서는 이러한 두려움에 직면했을 때 그것을 극복하는 방법을 보여준다. 이번 장의 끝에는 당신을 더 창의적인 사람으로 만들어줄 수 있는 10개의 단어가 있다. 당신은 이 단어들을 사용하여 새롭게 창의적인 삶을 시작할 수 있을 것이다.

마감 시간 정하기

Setting a deadline

정해진 규칙 없이 일을 하면 창의적인 프로젝트는 표류하고, 일주일, 한 달, 1년이 가게 되고 시간에 대한 많은 압박을 받게 된다. 마감 시간보다 더 중요한 것은 없다. 마감 시간을 문제가 아닌 도전으로 보게 되면, 그것은 당신이 목표를 향해 나아갈 수 있도록 도와 줄 것이다.

마감 시간 설정과 도전

당신은 마감 시간에 대한 압박이 당신의 창의적 사고를 방해한다고 생각할지도 모른다. 때때로 이것은 사실이다. 극심한 스트레스를 받으면 당신은 공허한 마음에 일이 손에 잡히지 않고 머리가 텅 빈 느낌을 받을 것이다. 그러나 이러한 경우보다는 마감 시간을 설정해놓는 것이 창의적 사고의 윤활류가 되는 경우가 많다. 당신이 무언가를 제안해야 한다는 것을 확실히 인지한다면, 결국 당신의 다듬어지지 않은 아이디어들조차 진지하게 고려하게 된다. 아무런 시간 제약이 없다면 당신은 다듬어지지 않은 어떤 아이디어가 성공할 수 없는 이유를 찾는 데만 전념하게 된다.

다음은 목표를 정하고 그것을 위해 꾸준히 노력할 수 있게 도움을 주는 방법들이다.

스스로의 마감 시간을 설정하라

프로젝트의 마감 시간이 정해져 있지 않다면 스스로 마감 시간을 설정하라. 그것이 큰 프로젝트라면 일련의 단계별로 분류할 수 있다. 각각의 단계에 도달하면 짧은 휴식을 취하고, 현재의 진행 상황과 다음 단계의 진행 방향에 대해 생각해본다.

일의 완성을 다른 사람에게 약속하라

작업을 꼭 완료하고 싶다면 먼저 다른 사람과 그 작업의 완성을 약속하라. 당신이 지역 드라마 그룹의 다음 작품의 세트 디자인을 맡겠다고 자원한 경우, 당신은 선택의 여지없이 정해진 날짜에 맞춰 아이디어를 제공하여야 한다. 다른 무엇보다도, 당신의 마감일을 상기시켜 주는 포스터를 어디서든 보게 될 것이다.

자신의 목표가 정해졌으면, 행인들에게까지 공개적으로 알릴 필요는 없겠지만, 적어도 그것을 지키지 못하면 스스로 체면을 잃게 가까운 사람들에게 약속하여야 한다. 그렇게 하면 불이행 시 잃게 될 손실 때문이라도 당신은 마감 시간에 맞춰 일을 끝까지 밀고 나갈 것이다.

> **스스로를 내보여라**
>
> 한번은 강연을 준비하면서 극적인 오프닝을 선보여야겠다고 결정하였다. 내 친구가 나를 대신해 무대 위에 서 있고 나는 관객이 되어 그 친구의 말을 갑자기 끊는 식의 오프닝 계획이었다. 그러나 강연 날짜가 다가올수록 초조해졌다. 일반적인 강의도 괜찮을 것이라는 생각도 하게 되었다. 하지만 이미 내가 하게 될 스턴트 연기(?)에 대해 주변의 몇몇 동료들에게 말을 한 상태였다. 그들에게 체면을 잃게 될 위험이 유일한 자극제가 되어 나는 그대로 밀고 나가기로 하였다. 폭풍이 휩쓸고 간 것 같은 행사가 끝난 후, 나는 끝까지 계획대로 이행한 것을 기뻐하였다.

스스로에게 끊임없이 상기시켜라

창의력을 발휘할 수 있도록 스스로를 자극할 수 있는 또 다른 방법은 당신이 매일 볼 수 있는 장소에 큰 글씨도 아래와 같은 문구를 적어놓는 것이다.

> 당신이 달성하고 싶은 것
> 그것을 달성하고자 하는 이유

당신이 틀에 박힌 생활로 돌아가고 싶어 하거나 의욕이 떨어질 때마다 이러한 문구는 왜 당신의 목표가 당신에게 중요한 것인지를 상기시킬 것이다.

프로젝트 중간의 **침체기** 극복하기

Beating the mid-project blues

한번은 세계에서 가장 유명한 스포츠 경기장의 일부를 설계한 건축가를 만난 적이 있다. 그는 프로젝트의 가장 좋은 부분은 '시작'과 '끝'이라고 하였다. 프로젝트 중간에는 '침체기'에 빠졌다고 한다. 이것은 창의적인 작업의 일반적인 문제이다. 그러면 어떻게 이것을 극복할 수 있을까?

침체기의 원인은 무엇인가?

프로젝트를 시작할 때 당신은 모든 것이 가능하다고 느끼기 쉽다. 아무런 제약 없이 아이디어를 생성하는 자극과 함께 무언가 새로운 것을 만들어낸다는 것은 아주 흥분되는 일이다. 그리고 끝에는 성취감을 맛볼 수 있다. 나의 건축가 친구는 완성된 건축물의 제막식 때 언론의 찬사와 그 많은 도전을 극복했다는 자부심에 전율을 느꼈다고 하였다. 그러나 아래의 도표에서 보는 것처럼, 프로젝트의 중간에는 매일매일의 따분한 일상으로 인해 자신을 유지하기가 힘들었다고 한다.

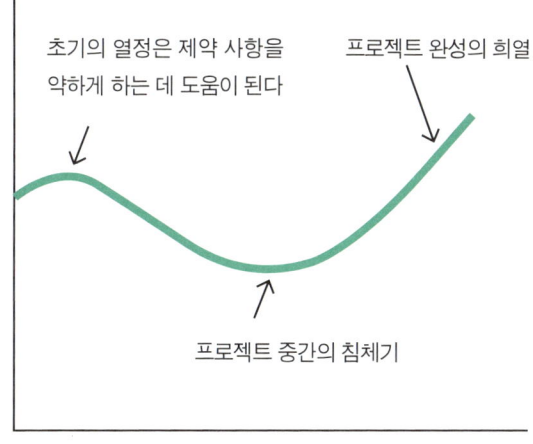

탈출구가 없게 느껴지는 프로젝트의 중간 지점에서는 프로젝트를 시작할 때의 흥분과 완성했을 때의 희열이 다른 세상의 이야기처럼 멀게 느껴진다. 이러한 상황에 처했을 때, 일반적으로 우리는 다음과 같은 생각을 한다.

- 지금 내가 왜 이 일을 하고 있는 거지?
- 우리는 지금 막다른 골목으로 향하고 있는 건 아닐까?
- 내 아이디어가 정말 참신한 것인가?
- 정말 진전이 하나도 없네.

침체기 극복하는 방법

당신 직장의 운명이 걸린 프로젝트를 맡고 있다면, 일반적으로 그 정도의 큰 압박감은 당신을 최악의 상태로부터 밀어 올려주기에 충분하다. 그러나 당신의 자존심을 제외하고는 일에 박차를 가할 이유나 압박감을 가지고 있지 않다면, 자신감 상실의 시기는 매우 위협적이라고 할 수 있다.

만일 프로젝트 중간 지점에서 침체기가 찾아왔다면, 아래와 같은 방법으로 스스로 박차를 가해보자.

- 모든 사람이 어떤 시점에서는 이런 감정에 빠진다는 것을 기억하라.
- 당신의 생각을 새롭게 할 수 있는 기회를 제공하기 위해 잠깐 동안 휴식을 가져라.
- 처음으로 돌아가서 왜 이 도전을 시작했는지를 상기하라. 당신에게 중요한 것은 무엇이며, 어려움은 무엇인지, 왜 그것이 당신에게 큰 문제가 되었는지를 되새겨 보아라.
- 더 많은 아이디어를 떠올리면서 자신을 재충전하여라. 브레인스토밍(169쪽 참조)은 낙관적인 요소를 제공할 뿐만 아니라 심지어 관련이 없는 주제에도 큰 도움을 준다.

최악의 경우 대비하기

Planning for the worst case

모든 것이 다 잘못된다면 어떡하지? 실패에 대한 예감은 아이디어를 구축하는 것을 방해한다. 아이디어가 단점투성이이고 장점이라곤 눈곱만큼도 찾아볼 수 없을 때 사람들은 어두운 현실을 보게 된다. 그러한 상상할 수 없는 일이 일어났을 때 대처할 수 있는 계획을 세워보자.

잠재적인 문제를 보아라

일어날 최악의 사태는 무엇인가? 사람들로부터 비웃음을 당하게 되는 것인가? 돈을 잃게 되는 것인가? 당신이 잘못될 수 있는 모든 것들을 설정하면 그것을 대비할 수 있는 계획을 세울 수 있고, 그것의 영향을 최소화하는 방법을 생각할 수 있다.

만약 당신이 실패의 두려움 때문에, 현재의 직장을 그만 두고 새로운 사업에 뛰어들기가 조심스러운 상황이라고 생각해보자. 이런 경우, 혹시 회사에 휴가를 내고 그 사업을 시작해볼 수는 있는지, 또는 회사와 휴직을 협상해볼 수는 있는지 등 다양한 잠재적인 문제에 대비하는 방안을 생각해볼 수 있다. 그리고 앞에서 설명한 "플랜 B"를 가지는 것도 도움이 된다.

이점을 떠올려라

과거에 당신이 위험을 감수하고 과감하게 도전해보았던 것들(윈드서핑 배우기, 아이 입양하기)을 떠올려보자. 당신은 이러한 도전들로부터 보람을 느끼는가, 아니면 후회하는가? 혹시 막막한 위험 요소들 때문에 당신이 원했던 일을 하지 못한 경험이 있는가?

나에게는 "나는 결코 후회하는 위험한 도전을 한 적이 없다"라고 입버릇처럼 말하는 친구가 있다.

어쩌면 당신도 이 말에 동의할 것이다. 대부분의 위험한 도전이 당신의 삶을 풍요롭게 했다면, 이러한 과거들이 당신으로 하여금 또 다른 위험한 도전을 감당할 수 있도록 힘과 용기를 주었을 것이다.

창의성을 위한 **열 개의 단어**

Ten words for creativity

창의적인 사람은 여러 형태로 나타나지만, 그들은 다섯 유형 중의 하나에 속한다. '아이 같은 사람', '문제 해결사', '몽상가', '건축가', '상상력이 풍부한 사람'. 당신은 창의력을 불러일으키기 위해 이러한 각 유형을 이용할 수 있다.

다양한 접근 방법

다섯 유형의 창의적인 사람이 사고를 하는 방법은 각기 다르다. 이들이 삶에 접근하는 자세를 잘 표현하는 두 단어는 다음과 같다.

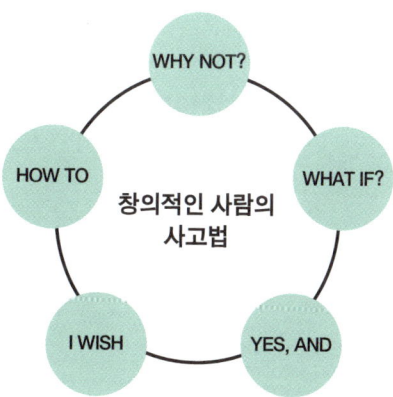

단어	특성	유형
WHY NOT? "왜 안 돼?"	아이디어를 탐험할 호기심과 자신감을 가지고 있다.	**아이 같은 사람** (Child-like)
HOW TO… "어떻게?"	모든 방해나 장애물을 풀어야 할 문제로 여긴다.	**문제 해결사** (Problem-solver)
I WISH… "…을 할 수 있다면 좋겠어"	'무엇이다'보다는 '되었으면' 하고 열망한다.	**몽상가** (Dreamer)
YES, AND… "좋습니다. 그리고…"	다른 사람의 아이디어를 지원하고 그것을 어떻게 구축하는지를 알고 있다.	**건축가** (Builder)
WHAT IF? "만약에"	상상도 할 수 없는 생각을 하고 미지를 탐험할 준비가 되어 있다.	**상상력이 풍부한 사람**(Imagineer)

당신은 이 모든 다양한 접근 방법으로부터 배울 수 있다. 위의 유형별 두 단어를 일상생활에 활용하여보아라. 그러면 당신도 모르는 사이에 창의적 사람들의 자세를 습득하게 될 것이다. 틀을 깨는, 창의적인 사람이 된다는 것은 그만큼 쉬운 일이다.

자, 지금부터 시작해보라.

퍼즐 해답 SOLUTIONS

12쪽: 9개의 점 연결하기

이것은 9개의 점 연결하기 퍼즐의 고전적인 해답이다.

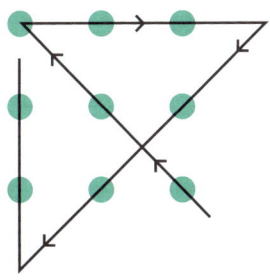

21쪽: 수영장 퍼즐

정사각형 모양을 45° 회전한 모양으로 만들면, 두 배 크기의 수영장을 나무 사이에 만들 수 있다.

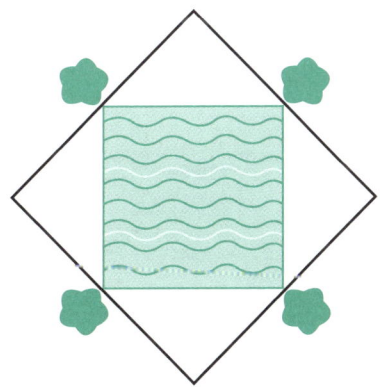

24쪽: 먹이 다 된 펜으로 할 수 있는 것들

먹이 다 된 펜을 다음과 같은 것으로 사용할 수 있다.

입으로 부는 화살총, 핀 보관 케이스, 위스키 측정자, 전시용 펜, 깃펜, 온도계꽂이, 파종용 구멍 파는 연장, 지렛대, 등긁개, 이쑤시개, 펑크 수리 도구, 키보드 클리너, 피펫, 호루라기, 새총, 문 쐐기, 무대 놀이 소품, 빗, 죽젓개, 링 홀더, 라이트 코드의 손잡이, 줄에 매다는 장식용 막대, 드라이버, 감자 으깨기, 절연체, 지휘봉, 낚싯대, 드럼의 스틱, 빨대, 창문을 열 때 쐐기, 사탕옥수수 막대, 미세한 그림붓의 손잡이, 구멍 뚫는 펀치, 용수철(잘 휘어지는 볼펜심을 이용하여), 페이스트리 반죽용 밀대 등등.

100쪽 : 다시 상자 밖에서 생각하기

여기 9개의 점 퍼즐에 대한 좀 더 다른 해결책이 있다. '상자 밖에서 생각하기'의 더 다양한 답들이다.

- 9개의 점을 3개의 선으로 연결하기

점들이 충분히 큰 경우, 또는 선이 얇고 긴 경우 이 지그재그 라인은 해답이 될 수 있다.(당신은 선이 항상 점의 중앙을 지나야 된다는 틀에 박힌 생각에 사로잡혀 있지는 않은가?)

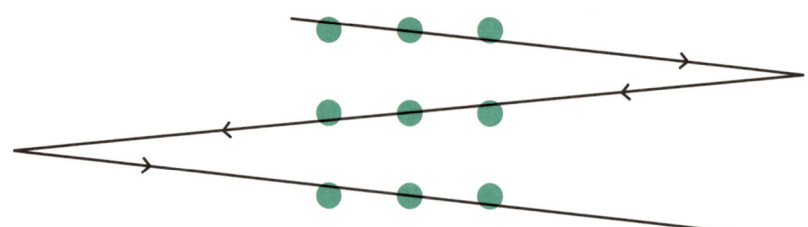

- **9개의 점을 1개의 선으로 연결하기**

 모든 점들을 지날 수 있는 충분히 두꺼운 1개의 선으로 연결한다.

 다른 것들도 해답이 될 수 있다. 통조림 캔 위에 종이를 붙이고 사선으로(가로로 놓인 3점의 위와 중앙, 아랫부분을 지나도록) 빙 둘러가면서 선을 긋는다. 직접 해보면 1개의 선으로 연결할 수 있다는 것을 알게 될 것이다. 또는 종이를 둥글게 말아 그 가운데로 붓과 같은 펜을 밀어 넣어도 된다. 만일 종이가 습자지와 같은 것이라면 9개의 점이 3개의 점으로 겹쳐 일직선이 되게 종이를 접은 다음 붓이나 사인펜 같은 것으로 선을 그으면 먹이 종이에 스며들어 뒤에 있는 점들까지 한 번에 연결된다. 어떤 사람들은 이것을 속임수라고 하고 어떤 사람들은 추정에 대한 정당한 도전이라고 생각한다. 이러한 질문은 종종 혁신자들이 직면하게 된다. 정답은 없다.

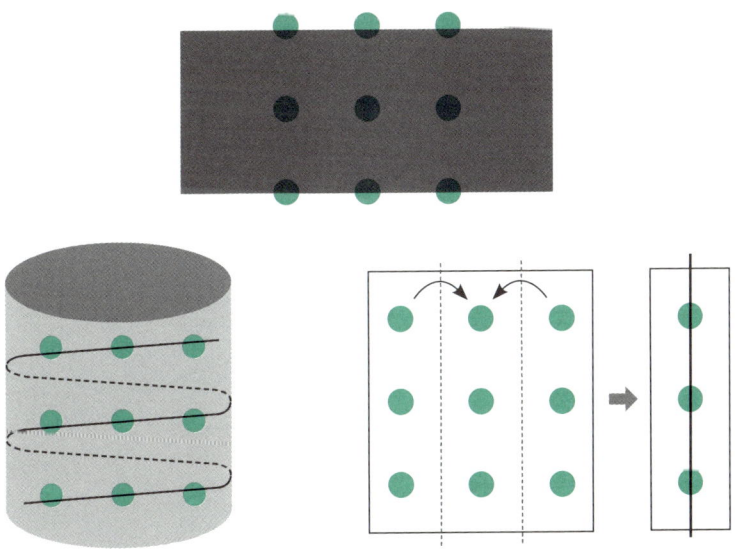

- **16개의 점 퍼즐**

'사랑니' 해답: 이것은 9개의 점 퍼즐의 확장으로 두 방향으로 상자 밖으로 나간다.

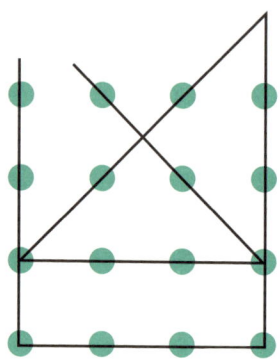

가장 멀리 밖으로 나가는 해답 : 선은 멀리 뻗어간다.

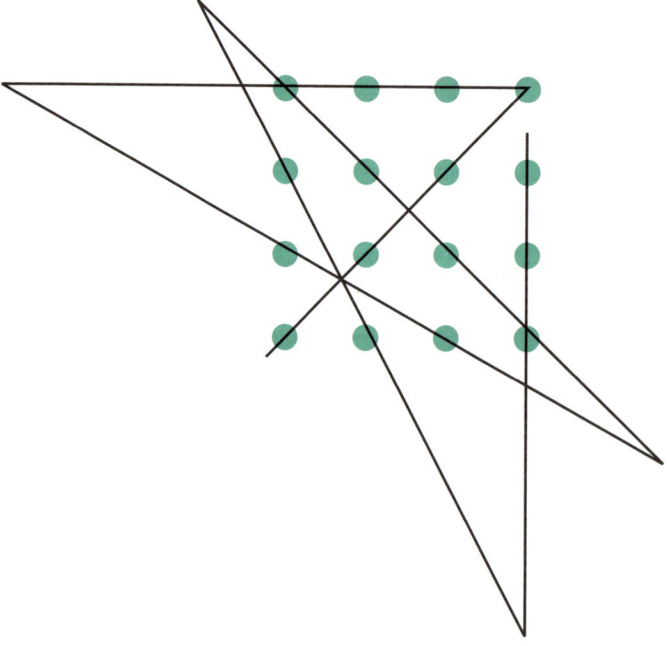

102쪽: 수수께끼 질문

질문 1. 캐나다 사람이(다른 사람처럼) 2월에 적게 먹는다는 것은 간단한 이유이다. 다른 달보다 날짜가 적기 때문이다.

질문 2. 오늘은 1월 1일이며, 샐리의 생일은 12월 31일이다. 이틀 전에 샐리는 12살이었고, 어제는 13번째 생일을 맞았다.(어제부터 올해 12월 30일까지는 13살이다.) 그리고 올해의 마지막 날인 12월 31일에는 14번째 생일을 맞아 14살이 될 것이다. 마찬가지로 내년의 마지막 날에는 15살이 될 것이다.

질문 3. 답은 E이다. 순서는 One(하나), Two(둘), Three(셋), Four(넷) 등 숫자를 나타내는 문자의 머리글자로 구성된 것이다. 따라서 답은 여덟을 뜻하는 Eight의 머리글자 E이다.

찾아보기 INDEX

가
갑작스런 결정 내리기 39
개인적인 장애물 41
건축가 200
공동으로 아이디어 작업을 할 때 161
그룹 관리하기 167
그룹 사고의 위험 166
긍정적인 피드백 44
기분 전환 120
끝에서 시작하기 86

나
누가 84

다
다른 관점에서 보기 93
다른 질문에서 해결책 찾기 76, 77
다양한 접근 방법 199

라
롤모델(role model) 125

마
마감 시간 정하기 191
만약에 200
만약에 게임 58
만약에 게임 하는 법 60
모방하기 66
모차르트 효과(Mozart effect) 114

몽상가 200
무엇을 84
문제를 단순하게 만들기 81
문제를 반대로 보기 95
문제 해결사 200
미슐랭 스타 138

바
반대로 말하기 게임 188
별도의 시간 설정하기 62
부정적인 피드백 피하기 46
불안감 158
불평과 문제의 차이점 52
브레인스토밍 169
비교와 대조하기 91
비유적으로 말하기 133

사
사운딩 보드(sounding board) 122
상반된 견해 158
상상력에 불꽃 튀기기 146
상상력이 풍부한 사람 200
상자 밖에서 생각하기 12
상호작용 방법 159
새로운 아이디어 136
생각의 상자 14
생각의 속도 159
생각의 패턴 117
선순환의 고리 174, 175
성급한 평가 50
세 가지 긍정적인 점 179
세컨드 오피니언 122
수직적 사고(Vertical thinking) 74
수평적 사고(lateral thinking) 74, 100
숙성(ripe) 113
시간과 장소 61

시계라디오 139
신분 158

아
아이 같은 사람 200
아이디어 교환하기 160
아이디어 구축하기 175
아이디어 끝까지 확장시키기 132
아이디어를 위한 방아쇠 111
아이디어를 테스트할 때 161
아이디어를 판매할 때 162
아이디어 받기 163
아이디어 보관하기 141
아이디어 제안하기 176
아이디어 주기 160
아이디어 죽이기 173
아하!의 순간 28
악순환의 고리 44, 173
어디서 84
어떻게? 84, 200
어떻게 하면 기술 78
어린아이 56
어린아이의 눈으로 보기 79
언제 84
엉뚱한 아이디어 170
역발상 기술 96
역할 교환 94
역할 놀이 188
연관성 찾기 91
연관성 테스트하기 92
열 개의 단어 199
영감의 원천 124
오래된 아이디어 141
와일더 아이디어(wild idea) 170
왜? 57, 82
왜 안 돼? 200

왜? 왜?의 기술 82
우연한 발견 143
우연한 발견을 촉진하는 방법 145
운명을 시험해보기 40
워밍업 114
유머 115
유머의 힘 186
이것이 다르다면 어찌 되는가? 127, 128
일단, 해봐! 68
임의의 단어 기술 146, 147

자
자발적 아이디어 상자 165
자신감 구축하기 64
잠재적인 문제 197
전문가의 시각 55
접근 방식 변경하기 53
제3의 길 찾기 183
제시(Proposing) 177
제안(Suggesting) 177
조심해야 할 장벽 157
좋겠어 기술 89
좋습니다. 그리고 200

차
창의성의 3P 33
창의성의 세 가지 기준 33
창의적 사고(Creative thinking) 75
창의적 활동을 시작하는 방법 70
창의적인 분위기 61
최악의 경우 대비하기 197
침체기 극복하는 방법 196

카
카메라 옵스큐라 67

타
테마 고르기 150
토론 개최하기 157
트랜드세터 112

파
패턴 깨기 45
편안함에서 벗어나기 38
폴백(fall-back) 153
프로젝트 중간의 침체기 194
플랜 B 153

하
할 수 있다면 좋겠어 200

(영어)
Brainstorming 169
How to 78, 200
idea-giving 160
idea-killing 174
idea-receiving 163
I wish 89, 200
PIE 원칙 171
reversing technique 96
role model 125
second opinion 122
What if 58, 200
Why not? 200
Yes, and 200